AI 融合创新系列教材

AI
客户服务与管理

慕课版

秋叶◎丛书主编

徐晓昭 王蕾蕾◎主编　　高金宝 刘娜 陆路路◎副主编

人民邮电出版社

北　京

图书在版编目（CIP）数据

AI 客户服务与管理 ：慕课版 / 徐晓昭，王蕾蕾主编.
北京 ：人民邮电出版社，2025. -- （AI 融合创新系列教
材）. -- ISBN 978-7-115-67029-8

Ⅰ. F274-39

中国国家版本馆 CIP 数据核字第 2025HM7466 号

内 容 提 要

　　客户服务是企业成功的关键，而人工智能（Artificial Intelligence，AI）正悄然为企业客户服务管理工作注入新的活力。本书通过客户服务概述、客户开发管理、客户沟通管理、客户信息管理、客户满意度与忠诚度管理、客户投诉管理、售中与售后服务管理、客户服务质量管理 8 个项目，结合大量案例与实训内容，帮助读者深入理解客户服务的主要内容与 AI 技术的实际应用。

　　本书内容新颖、全面、实用，可作为高等院校客户服务、市场营销、工商管理、电子商务等专业课程的教材，也可供企业管理人员、客户服务从业人员参考使用。

◆ 主　　编　徐晓昭　王蕾蕾
　　副 主 编　高金宝　刘　娜　陆路路
　　责任编辑　连震月
　　责任印制　王　郁　彭志环

◆ 人民邮电出版社出版发行　　北京市丰台区成寿寺路 11 号
　　邮编　100164　　电子邮件　315@ptpress.com.cn
　　网址　https://www.ptpress.com.cn
　　固安县铭成印刷有限公司印刷

◆ 开本：787×1092　1/16
　　印张：12　　　　　　　　　　2025 年 5 月第 1 版
　　字数：241 千字　　　　　　　2025 年 5 月河北第 1 次印刷

定价：49.80 元

读者服务热线：(010)81055256　印装质量热线：(010)81055316
反盗版热线：(010)81055315

AI 技术的迅猛发展给许多领域都带来了深刻影响，为许多行业注入了新活力。2024 年 3 月 28 日，教育部启动人工智能赋能教育行动，推出 4 项具体行动。4 项具体行动包括：国家智慧教育公共服务平台当日上线"AI 学习"专栏，邀请"大咖"谈 AI、组织名师教 AI、鼓励师生学 AI；推动国家智慧教育公共服务平台智能升级，支持全民个性化终身学习，上线智能工具增加课堂互动，促进就业、考试、留学等教育服务更加便捷畅通；实施教育系统 AI 大模型应用示范行动，推动大模型从课堂走向应用；将 AI 融入数字教育对外开放，搭建数字教育国际交流平台，提供 AI 教育的中国方案。

在此背景下，我们编写了这本《AI 客户服务与管理（慕课版）》。我们由衷地希望通过本书，探索 AI 在教与学中的融合应用，为教育发展注入新动能。

本书具有以下特色。

1．内容全面且新颖。本书涵盖了 8 个模块，对客户服务的基本内容进行了全面介绍，逻辑顺畅，条理清晰，讲解透彻，能帮助学生构建起系统且全面的客户服务知识框架。同时，本书将 AI 与客户服务紧密结合，介绍了 AI 在客户服务各模块的具体运用思路，有助于学生迅速理解 AI 在客户服务领域的作用原理与运用方向。

2．结构精巧且合理。本书在框架设计上采用了"项目—任务"式结构，将客户服务拆分为 8 个大项目，以此为主线，又将每个项目分解成若干个任务，并辅以"项目导读""学习目标""情景模拟""课堂互动""同步实训""拓展延伸""项目总结""课后思考"等互动与实践模块，践行"疑问—学习—解惑—运用"的学习流程，让学生能够学有所得、学以致用。

3．案例丰富且生动。本书在"项目导读""情景模拟""同步实训"模块均设置了丰富且生动的案例，这些案例涵盖行业要闻、企业事件、职场故事等。大量案例的设置为教师授课提供了依据，为学生学习提供了参考，提升了教学的临场感，增强了教师、学生与知识之间的联系。

　　本书由石家庄邮电职业技术学院的徐晓昭和吉林电子信息职业技术学院的王蕾蕾担任主编，由河北工业职业技术大学的高金宝、辽宁职业学院的刘娜和石家庄职业技术学院的陆路路担任副主编。尽管我们在编写过程中力求准确、完善，尽可能涵盖最新的技术动态和应用案例，但本书涉及具有较强前沿性与技术性的 AI 技术，且相关领域的知识和实践仍在不断发展，因此书中可能仍存在一些疏漏与不足之处，恳请广大读者批评指正，以使本书日臻完善，在此深表谢意！

编者

2025 年 3 月

PART 01

项目一
客户服务概述

【项目导读】

2022 年年底，由 OpenAI 公司开发的高级语言模型 ChatGPT 一经发布便迅速在全球范围内引起了轰动，其影响力远远超出了技术圈，触及社会的各个层面。ChatGPT 展示出的自然语言处理能力令人赞叹，它能够进行复杂对话、撰写文章、创作诗歌、编写代码，甚至进行学术研究，这标志着人工智能技术达到了一个新的里程碑。

2023 年 8 月，由我国国家互联网信息办公室联合国家发展和改革委员会、教育部、科学技术部、工业和信息化部、公安部、国家广播电视总局共同制定的《生成式人工智能服务管理暂行办法》（以下简称《办法》）正式施行。《办法》鼓励生成式人工智能技术在各行业、各领域的创新应用，生成积极健康、向上向善的优质内容，探索优化应用场景，构建应用生态体系。同时，支持行业组织、企业、教育和科研机构、公共文化机构、有关专业机构等在生成式人工智能技术创新、数据资源建设、转化应用、风险防范等方面开展协作。

【学习目标】

知识目标

> ➤ 了解客户服务的概念与特征。
> ➤ 熟悉客户服务的类型。
> ➤ 理解客户服务的影响。
> ➤ 了解客户服务平台的概念，熟悉客户服务平台的发展历程。
> ➤ 了解 AI 的概念与核心技术。
> ➤ 理解 AI 在客户服务领域的优势及运用策略。

素养目标

> ➤ 弘扬爱岗敬业精神，树立正确的客户服务观念。
> ➤ 培养探索精神，提高科学素养。
> ➤ 树立正确的科技使用观念，培养正确的科技使用意识。

"科学技术是第一生产力。"科学技术的进步总是推动着人类社会的发展。

任务一　认识客户服务

客户服务（Customer Service）是一种企业价值观的体现，这种价值观的核心就是以客户满意为导向。

 情景模拟

小李是一家电子产品公司的客户服务经理，公司主要销售智能家居设备。

一天，张女士通过公司官网咨询某音箱套装的功能和价格，小李及时回复了她的问题，详细介绍了音箱套装的特点、应用场景以及当前的促销活动。为了帮助张女士更好地了解产品，小李还发送了产品的演示视频，并邀请她到公司展厅进行现场体验。

张女士决定购买音箱套装，但在支付过程中遇到了一些问题。小李迅速通过电话指导她完成了支付，并根据张女士的需求，推荐了几款适配的配件。最终，张女士购买了一整套音箱套装，并对小李的服务表示非常满意。

几天后，张女士收到了音箱套装，但她对如何安装这些设备一窍不通。她联系了客服，小李知道后，安排了技术人员上门服务，帮助张女士对音箱进行安装和调试，并进行了详细的使用指导。三天后，小李还进行了电话回访，询问张女士的使用感受和是否有需要进一步帮助的地方。

半个月后，正值中秋佳节，小李安排人员向所有购买过产品的客户发送祝福短信和优惠券，并邀请他们参加公司的新品发布会。张女士也收到了短信与优惠券，她感到非常开心，并在朋友聚会上主动推荐了小李公司的产品。

思考：

1. 在张女士购买前，小李所做的工作措施对张女士的购买决策有何影响？
2. 张女士决定购买后，小李做了哪些工作？
3. 张女士收到货物后，小李做了哪些工作？
4. 小李向客户发送祝福短信和优惠券的操作是出于哪些考虑？
5. 上述案例中小李的工作会给公司带来哪些影响？

先思考以上问题，完成任务一的学习后，再回答以上问题。

一、服务的概念

生活中处处有服务。以网络购物为例，客户在购物平台上下单后，不仅可以收到具体的商品，如计算机、手机、服装等，还可以享受到配送上门、免费维修等服务。服务不像计算机、手机、服装那样，是一种物理层面的"实体"，它往往是以无形的方式存在着。

那么，到底什么是服务呢？20 世纪 60 年代，美国市场营销协会（American Marketing Association，AMA）率先为服务下了定义：服务是消费者从有偿的活动或从购买的相关商品中得到的利益和满足感。

被誉为"服务营销理论之父"的克里斯琴·格罗路斯（Christian Grönroos）对服

务的定义是：服务是由一系列或多或少具有无形特性的活动所构成的一种过程，这种过程是在客户与员工、有形资源的互动关系中进行的，这些有形资源是作为解决客户问题的方案而提供的。

当代市场营销学泰斗菲利普·科特勒（Philip Kotler）对服务的定义是：服务是一方提供给另一方的不可感知且不导致任何所有权转移的活动或利益，它在本质上是无形的，其生产可能与实际产品有关，也可能无关。

美国得克萨斯大学奥斯汀分校教授詹姆斯 A.菲茨西蒙斯（James A. Fitzsimmons）将服务定义为"一种顾客作为共同生产者的、随时间消逝的、无形的经历"。

美国莱德大学管理科学系教授森吉兹·哈克塞弗（Cengiz Haksever）认为：服务就是提供时间、空间、形式或是心理效用的经济活动。

综合以上定义，本书认为：服务是指在双方接触过程中产生的满足或解决特定需求的一系列活动及其结果。

二、客户服务的概念

关于客户服务的概念，不同的专家、学者有不同的理解。

第一种理解：客户服务即企业或其代表在与客户互动时提供的各种服务。这些服务旨在满足客户的预期与需求，并进一步追求提升客户的满意度和忠诚度。

第二种理解：客户服务是指企业为满足客户的需求和期望，解决客户在购买和使用产品或服务过程中遇到的问题，所提供的一系列支持和服务。

第三种理解：客户服务是指企业通过各种渠道和手段，与客户进行沟通和互动，旨在满足客户需求、解决客户问题、提升客户满意度和忠诚度的所有活动和过程。

第四种理解：客户服务是指企业通过各种渠道与客户互动，以满足客户需求和期望的一系列活动和过程。这些活动不仅包括售前、售中和售后的服务，还涵盖了客户关系的管理和维护。

第五种理解：客户服务是指企业在销售产品或提供服务过程中，为满足客户需求和解决客户问题而采取的一系列活动。这包括但不限于咨询服务、订单处理、售后支持、投诉处理等。

不难发现，尽管不同的专家、学者对客户服务有不同的定义，但本质上大同小异。综合以上观点，本书认为：客户服务是以满足客户需求为核心，通过专业的人员、技术和系统，为客户提供全方位、多层次支持与服务的活动。这种服务旨在建立、维护并深化企业与客户之间的关系，确保客户在使用产品或享受服务过程中获得良好的体验，从而实现客户忠诚度的提升和企业价值的持续增长。

三、客户服务的特征

客户服务作为企业与客户之间重要的互动桥梁，具有多种特征，这些特征使得客户服务与其他产品或服务类型有所区别。理解这些特征有助于企业更好地设计和提供高质量的客户服务。

1. 无形性

客户服务的无形性指的是服务无法像实物产品那样被看见、触摸或存储。例如，客户在接受咨询服务时，虽然没有获得实体产品，但通过咨询，他们可能获得了解决问题的方案或建议。无形性使得客户在购买服务前难以评估服务的质量，因此，企业需要通过其他方式，如品牌声誉、客户评价等，向客户传达服务的价值。

2. 不可分割性

客户服务的不可分割性意味着服务的生产与消费、提供与接受是同时进行的。例如，在客户拨打客服热线寻求帮助时，客服人员必须即时响应客户的需求，这种即时性和同步性要求服务提供者具备良好的沟通能力和专业知识，以便在客户需要时能够迅速有效地提供帮助。

3. 有偿性

客户服务的有偿性体现在两个方面：一方面，客户想要获得客户服务，通常需要支付一定的费用；另一方面，企业通过提供客户服务，不仅可以为客户创造价值，还能提升企业自身的价值。例如，技术支持、设备调试等服务都需要客户支付费用，即便是一些看似免费的服务，如客户咨询或售后支持，实际上也是企业通过产品价格或其他方式间接收取费用的。与此同时，企业又可以通过这些服务，赢得客户的好感，提升企业的形象。

4. 双向互动性

客户服务的双向互动性体现在服务的提供过程是一个互动的过程，客户和服务提供者都参与其中，共同完成服务。例如，在解决客户投诉的过程中，客户需要描述问题，客服人员则需要倾听并提供解决方案。这种互动性要求服务提供者不仅熟悉产品与服务的属性与流程，还具备良好的沟通和协调能力，以确保服务过程的顺畅和高效。

5. 异质性

客户服务的异质性是指服务的质量和效果可能因提供方的不同而有所差异。即使是同一类型的服务，由于提供方的能力、态度、经验等因素的不同，服务质量也会有所不同。由人员提供的服务，会受到人员素质、情绪等因素的影响；即便有设备参与的服务，如配送服务，也会受到设备性能、交通、天气等因素影响。为了减少这种异质性，企业需要制定标准化的服务流程和培训方案，确保每位客户都能获得一致的高质量服务。

综上所述，客户服务的无形性、不可分割性、有偿性、双向互动性和异质性共同构成了客户服务的主要特征。这些特征决定了客户服务的复杂性和挑战性，企业在设计和提供客户服务时，需要充分考虑这些特征，通过系统化的管理和专业化的服务，提升客户满意度和忠诚度，从而实现企业的持续发展和价值提升。

课堂互动：

你知道什么是"有形服务"吗？既然服务具有"无形性"的特征，为什么很多企业都在强调"有形服务"？

四、客户服务的类型

在不同的分类标准下，客户服务有多种不同的类型。常见的分类标准有按提供方式分类、按服务阶段分类、按服务层级分类、按服务渠道分类、按服务对象分类、按服务主动性分类、按服务性质分类等。不同分类标准下的客户服务类型具体如表 1-1 所示。

表 1-1　不同分类标准下的客户服务类型

序号	分类标准	客户服务类型	简介
1	按提供方式分类	人工服务	通过电话、面对面或在线聊天等方式，由人工客服人员直接提供服务。这种类型的服务适用于处理复杂的问题或需要个性化服务的情况
		自助终端服务	通过网站、应用程序、机器终端等渠道，客户可以自行解决问题或获取服务。这种服务类型提高了服务效率，降低了服务成本
		智能客服	利用聊天机器人、智能语音助手等技术工具提供服务。这种类型的服务可以快速响应客户的简单查询，提高服务的可用性
2	按服务阶段分类	售前服务	主要包括释放产品信息、开放购买渠道、回应咨询要求、进行市场推广等，旨在帮助客户了解产品或服务，并做出购买决策。售前服务的质量直接影响客户的初次购买意愿
		售中服务	发生在客户购买产品或服务的过程中，包括进行产品展示说明、回答客户询问、提供个性化推荐、支持客户试用体验、进行价格协商谈判、培训指导使用方法等。这一阶段的服务重在确保客户体验愉快，使得交易顺利进行
		售后服务	涵盖产品交付后的所有服务活动，如产品包装与运输、产品安装与调试、产品维修与保养、使用指导与说明、投诉回复与处理、客户回访与关怀等。目的是解决客户在使用过程中遇到的问题，提升客户满意度和忠诚度
3	按服务层级分类	基础服务	满足客户基本需求的服务，如产品说明书提供简单的使用指导等，是客户服务的基石
		增值服务	在基础服务之上提供的额外服务，如定制化解决方案、会员专享权益等，用于提升客户满意度和忠诚度
		高端服务	针对高价值客户或特殊需求客户提供的顶级服务，如私人管家服务、专属定制服务等，体现尊贵与独特
4	按服务渠道分类	线上服务	通过互联网或其他数字渠道提供的客户服务，如企业官网、电子邮件、社交媒体、网络电话、在线聊天等。线上服务的优势在于可以随时随地响应客户需求，且具有高效、快捷的特点
		线下服务	通过实体店面、面对面沟通等传统渠道提供的客户服务。这种服务方式强调人际互动，适用于需要深度交流和个性化服务的场景

续表

序号	分类标准	客户服务类型	简介
5	按服务对象分类	个人客户服务	针对个人客户提供的服务，通常需要更加个性化和灵活的处理方式，以满足不同客户的独特需求和偏好
		企业客户服务	面向企业客户提供的服务，强调专业性和高效性，通常涉及较为复杂的需求，如大宗采购、定制化服务、长期合作等
6	按服务主动性分类	主动服务	企业主动出击，预见客户需求并提供服务，如定期回访、主动提醒、提供增值服务等。主动服务能够有效提升客户满意度，建立长期稳定的客户关系
		被动服务	企业在接收到客户的请求或反馈后进行响应，如客户咨询、投诉处理等。被动服务强调及时和准确地解决客户问题，确保客户体验不受影响
7	按服务性质分类	技术服务	涉及产品技术支持、故障排除、技术咨询等，需要专业技术知识和技能，常见于高科技产品和服务领域
		非技术服务	包括一般性咨询、订单处理、客户关怀等，不需要特殊技术知识，但要求良好的沟通技巧和服务意识

课堂互动：

你是否还知道其他的客户服务分类标准？

五、客户服务的影响

客户服务产生影响的过程很大程度上是一个客户评价的传播过程。客户服务首先影响客户的满意度，进而影响客户对企业的评价，随后这些评价将对企业产生积极或消极的影响。因此，讨论客户服务的影响，本质上是在讨论客户服务对企业的影响。

1. 优质客户服务对企业的影响

优质客户服务对企业的影响是从客户满意开始的。当客户满意后，他们不仅会增加购买频次，逐渐成为产品的忠实用户，还会主动宣传产品，为企业带来新的客源。这有助于产品获得市场认可，企业赢得大众信赖，最终使企业实力增强。

企业实力增强后，又具备了提供更加优质客户服务的能力，从而形成良性循环。

2. 劣质客户服务对企业的影响

劣质客户服务对企业的影响是从客户不满意开始的。当客户不满意后，他们不仅会减少购买，甚至停止购买产品，还可能传播对企业不利的信息。这将导致产品销量降低，企业形象受损。长此以往，产品将逐渐被市场淘汰，企业形象也难以修复，最终导致企业效益下降。

企业效益下降又可能导致企业的服务能力降低，使企业难以提供优质客户服务，最终形成恶性循环。

当然，无论是优质客户服务还是劣质客户服务，都较难在单次循环中对企业产生根本性影响。客户服务对企业的影响是逐渐累积且速度逐渐加快的。因此，企业应该持续保持优质的客户服务，及时调整劣质的客户服务。

客户服务对企业的影响过程如图 1-1 所示。

课堂互动：

如果某品牌的产品质量与性能俱佳，但是客户服务质量不稳定，你会坚持使用该品牌的产品吗？为什么？

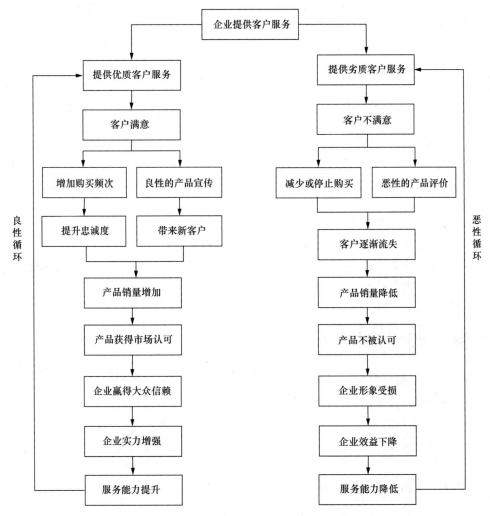

图 1-1　客户服务的影响

任务总结

客户服务具有无形性、不可分割性、有偿性、双向互动性和异质性等特征，优质的客户服务能够提升客户满意度和企业形象，促进企业发展，而劣质服务则可能导致客户流失和企业形象受损，给企业带来不利影响。因此，企业需要不断优化客户服务流程，提高客户服务质量，以实现可持续发展。

任务二　认识客户服务平台

科学技术的每一次革命，都会对人类社会的方方面面产生深刻影响。

情景模拟

小蓂正和家人在客厅里清点着快递，这些快递都是小蓂一家在这次"全民购物节"活动中购买的。电视机正播放着关于这次"全民购物节"成交数据再创新高的新闻。

小蓂的奶奶听见新闻后摇头表示，如今网络购物节成交数量如此之大，背后必然有数量相当庞大的客服人员在加班加点地工作。由于年轻时曾在呼叫中心工作过，她很能体会那种忙碌的感觉。

小蓂却大声说道："奶奶，时代进步了！现在网购时，可能你在向店铺咨询的时候，回复你的都是机器人呢！这种机器人一个就能处理很多条信息，所以现在已经不需要那么多人工客服了。"

小蓂的妈妈也说道："时代发展得太快了，这就是人工智能吧。我一个朋友做客服的，她跟我说，现在有咨询信息，都是机器人自动回复，速度很快。不像以前，虽然也可以用手机、计算机查询，但回复速度有时候还是太慢了。忙的时候，很多客户都得排队等候……"

思考：

1. 上述情境中，你能看到客户服务发生了哪些变化？

2. 小蓂的奶奶、妈妈所经历的客户服务，与现在的客户服务相比有哪些劣势？

3. 你认为未来的客户服务会如何发展？

先思考以上问题，完成任务二的学习后，再回答以上问题。

一、客户服务平台的概念

客户服务平台是指企业为了更好地服务客户，通过集成多种通信和技术手段，提供全天候、多渠道、自动化与个性化相结合的综合性服务平台。

客户服务平台的核心在于通过技术进步，不断提升服务质量，满足客户的多元化需求，同时收集和分析客户数据，以支持企业的决策制定和业务发展。

二、客户服务平台的发展历程

客户服务平台的发展历程反映了技术进步和消费者需求变化对客户服务方式的深远影响。我国的客户服务平台主要经历了以下三代发展。

1. 第一代客服平台：呼叫中心

呼叫中心是我国的第一代客服平台。呼叫中心最早出现在航空运输业，普遍认为1956 年美国泛美航空集团建立了世界上第一个呼叫中心。后经过 20 多年的发展，北美逐渐形成了一个以 IBM 公司为代表的初具规模的产业。

我国于 1998 年在民航业建立了第一个呼叫中心，主要提供机票预订服务。受限于技术条件，当时的呼叫中心更像是一个"电话热线系统"，各方面的功能并不完善，对人工依赖较大，服务效率也较低。

随着交互式语音应答（Interactive Voice Response，IVR）技术的进步，呼叫中心迎来了较快发展，逐渐可以提供 24 小时全天候的客户服务，减少了对人工的依赖。但总体而言，交互方式依旧比较单一，客户操作起来也比较麻烦，能够提供的服务质量相对有限。

2. 第二代客服平台：多媒体在线客服平台

1994 年，我国接入了国际互联网，并在后续几十年里经历了高速发展。基于互联网技术的多媒体在线客服逐渐兴起。

在这个阶段，用户不仅可以通过短信、电话等传统形式与企业进行交互，还可以通过微博等社交平台与企业进行交互。另外，企业也开始部署网络客服平台，用户可以通过网络客服平台与企业进行实时沟通。

多媒体在线客服丰富了企业与用户的交互形式，提高了客户服务的效率，但其效果依旧受网络环境、硬件设备等因素的限制。

3. 第三代客服平台：AI 客服平台

AI 即人工智能。随着时代进步，各项 AI 技术逐渐被应用在客户服务平台中，形成了第三代客服平台——AI 客服平台（也称智能客服平台）。

AI 客服平台通过 AI 技术提高自动化和智能化水平，实现了工单的智能分配、个性化知识库推荐、实时监控和服务质量评估等功能，提升了用户体验，降低了企业运营成本。

客户服务平台的发展是随着科学技术的进步而不断演进的。随着时间的推移，客服平台正逐渐向更加智能化和自动化的方向发展，以满足客户对快速、高效、个性化服务的需求。

> 🎙️ **课堂互动：**
>
> 请问你如何查询自己的手机话费？询问你的父母或年长的朋友，他们以前如何查询话费？

🖥️ 任务总结

客户服务平台的发展历程从最初的呼叫中心，到基于互联网的多媒体在线客服平台，再到 AI 技术的 AI 客服平台，充分展现了技术进步和消费者需求变化对客户服务方式的深远影响。

任务三　认识 AI 驱动的客户服务

"AI 不会替代人类，而是与人类合作，为我们带来更多的机会和创新。"这句话出自著名科技作家和未来学家凯文·凯利。从客户服务的角度来看，这种"机会和创新"具体有哪些？

情景模拟

为了迎接一年一度的"全民购物节"，某高端电子产品店提前数月便部署了一套智能客服系统，将其与各大线上购物平台对接，有效缓解了购物节期间剧增的客户服务压力。

在以往的购物节活动中，客服人员都需要花费大量时间在电话和在线聊天中重复回答一些基本问题，如产品功能介绍、订单追踪、退换货流程等。而现在，这些问题都被转交给智能客服系统处理。

智能客服系统内置了先进的人工智能技术，能够理解客户的意图，并迅速提供准确的回答。更重要的是，系统还能够根据客户的历史购买记录和偏好，提供个性化的建议。

智能客服系统不仅大大减少了人工客服的工作量，还显著提升了客户满意度。原本需要等待数分钟才能接入的电话，现在几乎可以即时接通。客户的问题解决时间缩短，投诉率下降，好评率上升。此外，智能客服系统能够提供全天候服务，这意味着无论何时何地，客户都能得到及时的帮助和支持。

思考：

1. 你认为智能客服系统中会内置哪些 AI 技术？
2. 你能从上述情景中总结智能客服的优势吗？
3. 你觉得 AI 主要从哪些方面改进客户服务？

先思考以上问题，完成任务三的学习后，再回答以上问题。

一、AI 概述

1. AI 的概念

前文已经提到，AI 即人工智能，这是一门试图了解智能的本质的科学。人工智能先驱、斯坦福大学教授尼尔斯·约翰·尼尔森曾这样对人工智能下定义："人工智能是关于知识的学科——如何表示知识与如何获得知识并使用知识的科学。"美国麻省理工学院教授温斯顿给人工智能的定义则是"那些使知觉、推理和行为成为可能的计算的研究"。

加州大学伯克利分校的教授斯图尔特·罗素和斯坦福大学人工智能研究所的杰出教育研究员彼得·诺维格拓展了人工智能的内涵，提出了两个中心和四个途径的观点：第一，像人一样思考的系统；第二，像人一样行动的系统；第三，理性地思考的系统；第四，理智地行动的系统。

综合以上观点，本书认为，人工智能是一门技术科学，具体而言，人工智能是一门交叉融合多门学科，通过计算机或由计算机控制的机器去模拟、延伸和扩展人的智能以获得最佳结果的技术科学。

自20世纪50年代以来，人工智能经历了多个发展阶段，每个阶段都伴随着技术进步和社会需求的变化。人工智能的核心目标是模拟人类的认知功能，如学习、推理、解决问题和知觉，从而使机器能够执行复杂任务。

2. AI的核心技术

作为当今科技领域的前沿学科，AI的核心技术涵盖了多个方面，每一项技术都在各自的领域内展现出了巨大的潜力。

（1）机器学习技术

机器学习（Machine Learning，ML）技术是AI的核心技术之一，这项技术旨在让计算机通过数据进行自我学习和改进。按照不同的分类标准，机器学习有监督学习、无监督学习、强化学习、传统机器学习、深度学习、迁移学习、主动学习、演化学习等多种类型。其中，源于多层神经网络的深度学习技术，作为机器学习领域的一个全新方向，依靠深度置信网络、卷积神经网络、受限玻尔兹曼机和循环神经网络等先进的算法支持，使得机器学习越来越接近其最初的目标——人工智能。

（2）自然语言处理技术

自然语言处理（Natural Language Processing，NLP）技术的目标是使计算机能够理解、解释和生成自然语言，涉及的领域主要包括机器翻译、机器阅读理解和问答系统等。NLP技术的应用提高了人机交互的自然性和效率，进而使得生成式人工智能取得了突破性发展。

（3）计算机视觉技术

计算机视觉（Computer Vision，CV）技术是让计算机"看见"并理解图像和视频的技术。它包括图像识别、目标检测、图像分割和视频分析等。计算机视觉技术在自动驾驶、安防监控、医疗影像分析和工业自动化等领域有着广泛应用。近年来，深度学习特别是卷积神经网络的进步，显著提升了计算机视觉的性能，使其在复杂场景下的应用成为可能。

（4）生物特征识别技术

生物特征识别（Biometric Recognition）技术是指利用生物特征（如指纹、面部、虹膜、指静脉、声纹和步态）进行个人身份验证。生物特征识别的优势在于其独特性和难以伪造性。指纹识别和人脸识别是应用最广泛的技术，常用于手机解锁和安全监控。虹膜识别和指静脉识别由于其高度精确性，应用于高安全性场景。声纹识别和步态识别则为无接触身份验证提供了新的途径。

（5）知识图谱技术

知识图谱（Knowledge Graph）代表了一种结构化的语义知识库，通过符号形式捕捉现实世界中的概念及其相互关系。这种技术的基本单元是由"实体—关系—实体"三元组以及实体相关的"属性—值"对构成，形成了一张庞大的网状知识结构。在这个结构中，每个节点代表一个实体，每条边则代表实体间的关联。知识图谱不仅仅是一个数据库，它更是一个关系网络，提供了从关系的角度分析问题的能力。

知识图谱在推动 AI 从感知智能向认知智能转变的过程中扮演着关键角色。研究人员通过将知识图谱与深度学习算法相结合，可以嵌入先验知识，建立可解释的模型，从而使人工智能系统更加智能、高效，而且更具可解释性和可迁移性。

（6）人机交互技术

人机交互（Human-Computer Interaction）旨在研究人类与计算机之间的交互方式，其主要技术包括语音交互、情感交互、体感交互和脑机交互等。

语音交互通过语音识别和合成技术实现自然语言对话，常用于音箱套装和虚拟助手；情感交互使机器能够识别和回应人类的情感状态，增强了人机交互的自然性；体感交互利用动作捕捉和传感器技术，实现通过肢体动作与计算机的互动，如虚拟现实和游戏；脑机交互指不依赖于外围神经和肌肉等神经通道，直接实现大脑与外界信息传递的通路。随着其他交叉学科的发展，脑机交互技术近年来取得了突破性的进步。

 课堂互动：

你还知道哪些属于 AI 领域或是与 AI 领域有交叉的技术？

3. AI 的发展历程

自 20 世纪 50 年代 AI 诞生以来，其发展经历了 3 个显著的阶段，每个阶段都伴随着技术创新和理论突破，实现了 AI 技术的飞跃式进步。

（1）第一阶段：AI 的起源与早期探索（20 世纪 50 年代至 80 年代）

此阶段是 AI 起步发展的时期。在这一阶段，基于抽象数学推理的可编程数字计算机开始出现，符号主义（Symbolism）迅速崛起。然而，由于许多事物难以形式化表达，所建立的模型存在一定的局限性。随着计算任务复杂性的增加，AI 的发展遭遇了瓶颈。这一时期的 AI 系统主要依赖严格的逻辑规则，缺乏对现实世界的深刻理解和灵活应对复杂情境的能力。

AI 发展第一阶段的标志性事件如表 1-2 所示。

表 1-2　AI 发展第一阶段的标志性事件

序号	时间	人物/机构	事件
1	1950 年	艾伦·麦席森·图灵（英国数学家、逻辑学家）	发表《计算机器与智能》，提出了图灵测试的概念
2	1954 年	乔治·戴沃尔（美国发明家）	设计了世界上第一台可编程的机器人
3	1956 年	约翰·麦卡锡（美国数学博士）	提出"人工智能"的概念

序号	时间	人物/机构	事件
4	1966—1972 年	美国斯坦福研究所	研制出机器人 Shakey，这是首台采用 AI 的移动机器人
5	1966 年	约瑟夫·维森鲍姆等（美国麻省理工学院）	发布了世界上第一个聊天机器人 ELIZA
6	1968 年	道格·恩格勒巴特（美国斯坦福研究所）	发明计算机鼠标，为交互式计算奠定了基础
7	20 世纪 70 年代	英国政府、美国国防部高级研究计划局和美国国家科学委员会等	由于缺乏进展，这些资助机构对无方向的人工智能研究逐渐停止了资助

（2）第二阶段：专家系统的兴起与挑战（20 世纪 80 年代至 90 年代末）

此阶段见证了专家系统（一种智能计算机程序系统）的快速发展和数学模型的重大突破。专家系统在特定领域的应用取得了显著成效，但在知识获取、推理能力和实用性方面仍存在不足。高昂的开发成本导致 AI 再次陷入低谷期。尽管如此，AI 的研究并未停滞，反而在挫折中孕育着新的机遇。

AI 发展第二阶段的标志性事件如表 1-3 所示。

表 1-3　AI 发展第二阶段的标志性事件

序号	时间	人物/机构	事件
1	1981 年	日本经济产业省	拨款 8.5 亿美元用以研发第五代计算机项目（当时被称为"人工智能计算机"），引得英美等国纷纷响应，开始向信息技术领域的研究提供大量资金
2	1984 年	道格拉斯·莱纳特（美国人）	启动了名为"大百科全书（Encyclopedia，CYC）"的项目，旨在让人工智能以类似人类推理的方式工作
3	1986 年	查尔斯·赫尔（美国人）	制造出人类历史上首个 3D 打印机
4	1987—1993 年	经历过 20 世纪 70 年代经费削减的研究者们	"AI 之冬"一词被提出来。相关专家、机构认为 AI 并非"下一个浪潮"
5	1997 年	IBM 公司的计算机"深蓝"	战胜国际象棋世界冠军卡斯帕罗夫，成为首个在标准比赛时限内击败国际象棋世界冠军的计算机系统

（3）AI 真正的春天（21 世纪初至今）

随着大数据的积累、机器学习算法的革新以及计算能力的大幅提升，AI 在众多应用领域取得了突破性进展，迎来了又一个繁荣时期。2016 年，Google DeepMind 开发的 AlphaGo 程序以 4 比 1 的成绩击败了世界围棋冠军李世石，这是人工智能发展史上的一个重要里程碑。这场对决不仅是技术层面的胜利，也是对公众进行的一次关于 AI 潜力的深刻教育。此后，AI 技术得到了更广泛的认可和投资，开启了 AI 技术发展的新篇章。

2023 年，AI 技术已经渗透到社会生活的方方面面，从智能制造到自动驾驶，从个性化教育到医疗诊断，AI 的应用场景不断扩展，进一步推动了社会生产力的提升和产业结构的变革。AI 技术的发展不再局限于单一的功能实现，而是向着更加综合、智能和自主的方向发展，逐渐展现出其在未来社会中的核心地位。

AI 发展第三阶段的标志性事件如表 1-4 所示。

表 1-4　AI 发展第三阶段的标志性事件

序号	时间	人物/机构	事件
1	2011 年	IBM 公司与美国得克萨斯大学	开发的超级计算机沃森（Watson）参加美国智力问答节目，击败该节目历史上两位最成功的人类选手，赢得了高额奖金
2	2012 年	加拿大滑铁卢大学的研究团队	创造了一个具备简单认知能力、有 250 万个模拟"神经元"的虚拟大脑 Spaun，通过了基本的智商测试
3	2013 年	百度	将深度学习算法广泛地运用在产品开发中
4	2016 年	AlphaGo	与围棋世界冠军李世石经过五场比赛，以 4 比 1 取胜。该次"人机大战"让 AI 正式被世人所熟知，引发了 AI 领域的新一轮爆发式发展
5	2020 年	OpenAI 公司	发布大语言模型 GPT-3，标志着自然语言处理领域的大语言模型真正意义上出现
6	2022 年	OpenAI 公司	发布 ChatGPT，引发了全球生成式 AI 热潮

课堂互动：

你还知道 AI 发展各阶段的其他标志性事件吗？

4．AI 的发展趋势

当前，AI 技术的发展呈现出几个重要趋势。

（1）技术平台开源化

开源的学习框架在 AI 领域的应用日益增多，减少了重复劳动，提高了开发效率，促进了业界的合作与交流。例如，百度、阿里巴巴等企业已经开始布局开源 AI 生态，加速技术的迭代和产业链的完善。

（2）专用智能向通用智能发展

AI 技术正逐步打破领域界限，向着更广泛、更通用的方向发展，从辅助性决策工具升级为专业性解决方案。通用 AI 将成为未来发展的重要方向，它将具备处理多样任务的能力，减少对特定领域知识的依赖。

（3）智能感知向智能认知过渡

AI 正从单纯的感知能力向更深的理解和思考能力进化。未来的 AI 将不仅仅是感知器，还将成为能够进行深层次认知和决策的伙伴。

在 AI 技术不断演进的过程中，标准化工作对于 AI 产业的健康发展至关重要。只有通过制定统一的标准和规范，才能确保 AI 技术安全、可靠和可持续发展。因此，制定相关标准和政策指导 AI 技术的研发和应用显得尤为重要。

课堂互动：

　　你以前是否观看过关于 AI 的电影？电影中设想的哪些内容已经实现了？

二、AI 在客户服务领域的优势

1. 自动化程度高

　　AI 在客户服务中的应用大幅提高了自动化水平。通过引入智能客服系统，企业能够自动处理大量客户查询和问题，而无须依赖大量人工客服。这不仅提高了工作效率，还降低了人力成本。

　　例如，许多企业都会在智能客服系统中嵌入 AI 聊天机器人，用它来处理客户的常见问题和初步咨询。智能客服系统能够通过自然语言处理等技术理解客户的问题，自动给出相应的答案。这样，客户能够在短时间内获得所需的信息，而不需要等待人工客服的回复。这种自动化的处理方式不仅提高了服务效率，还减少了客户的等待时间，进而提升了客户满意度。

　　此外，AI 技术还能够自动执行许多重复性任务，如客户数据的收集和分析、客户反馈的整理等。这使得企业能够将更多的精力集中在复杂和高价值的客户服务工作上，从而提高整体服务质量。

2. 响应速度快

　　与人工客服相比，AI 系统能够在毫秒内接收并响应客户的请求，解决客户的问题，这极大地提升了客户体验。此外，AI 还可以实时监控和分析客户数据，快速识别潜在问题并作出响应。例如，AI 可以分析客户的行为模式和交互历史，及时发现可能的服务瓶颈或客户投诉的趋势，并主动进行调整或通知相关部门进行处理。这种快速响应能力使企业能够迅速适应市场变化和客户需求，提升市场竞争力。

3. 处理能力强

　　AI 技术的强大数据处理能力体现在它能够整合并分析来自多种渠道的客户数据，包括社交媒体、电子邮件、电话通话、在线聊天记录及客户反馈系统。这一整合过程使企业能够构建全面的客户画像，理解客户的需求和偏好，从而提供更加个性化和有针对性的服务。

　　更重要的是，AI 能够处理各种类型的数据，不仅限于结构化的文本数据，还包括非结构化数据，如语音、图片和视频。例如，语音识别技术使得 AI 能够理解和回应客户的语音查询，而图像识别技术则能帮助分析客户发送的产品图片，识别故障或问题所在。

总之，AI 技术在客户服务领域的应用显著提升了客户服务的自动化程度、响应速度和数据处理能力。通过引入 AI 技术驱动的智能客服系统，企业能够提供更加高效、精准和个性化的客户服务，从而提升客户满意度和市场竞争力。随着 AI 技术的不断进步，未来在客户服务领域的应用将会更加广泛和深入，为企业带来更多的创新和发展机遇。

课堂互动：

你觉得未来企业可能实现完全依靠 AI 技术进行客户服务吗？

三、AI 在客户服务领域的运用策略

1. 通过 AI 增效降本

在客户服务领域，AI 的应用已经证明了其在提高效率和降低成本方面的巨大潜力。

企业可以利用 AI 技术自动化日常任务，从而减轻人力资源的压力。例如，通过聊天机器人自动回答常见问题，释放人力资源去处理更复杂的客户咨询，这不仅提高了工作效率，还降低了企业的运营成本。此外，企业可以借助 AI 技术的预测性分析能力，在库存管理和需求预测方面发挥作用，更有效地规划资源，避免货物积压或缺货的情况，进而减少库存成本并提高资金周转率。同时，企业还能通过 AI 技术，运用智能路由和排队系统优化呼叫中心的工作流程，确保客户请求被迅速分配到合适的代理，缩短等待时间并提高一次解决率，进而提高整体服务效率。

2. 通过 AI 提供个性化服务

借助 AI 对大量客户数据的分析，企业能够提供高度个性化的服务体验。通过 AI 技术，企业可以根据客户的历史行为、偏好和购买习惯，提供定制化的产品推荐和个性化的服务方案。这种个性化的服务不仅能增强客户的忠诚度，还能提高转化率。此外，AI 的情感分析能力也能助力企业提供更加贴心的服务。通过识别和理解客户的情绪状态，AI 可以调整服务策略，例如在检测到负面情绪时提供特别关怀，从而提升客户满意度。

3. 通过 AI 提供前瞻性服务

AI 的预测能力不仅适用于库存管理，还能用于预见客户需求和潜在问题，以便提前采取行动。通过分析客户的行为模式和交易历史，AI 可以预测客户可能的需求变化，甚至在客户提出要求之前就提供相应的服务或解决方案。此外，AI 还能监控社交媒体和其他公开渠道，预警可能的品牌声誉风险或市场变化，使企业能够快速响应，减少潜在损失。

AI 技术在客户服务领域的运用正在改变企业的运作方式。从成本节约到客户体验提升，再到风险管理，AI 都展现出了巨大的价值。然而，企业在采用 AI 技术时也需要警惕其中的风险和挑战，如数据隐私问题、技术的透明度和伦理问题等。

未来，随着技术的进步和法规的完善，AI 在客户服务领域的应用将更加广泛和深入，为企业带来更大的竞争优势。企业应当积极探索如何最大化 AI 的优势，同时确保合规性和道德性，以实现可持续发展。

任务总结

随着时代的发展，起源于 20 世纪 50 年代的 AI 技术已经广泛影响了各个行业的发展，为人类文明的进步注入了新的动力。在客户服务领域，AI 凭借其自动化程度高、响应速度快和处理能力强的优势，为客户服务注入了全新的发展动力。

【同步实训】

实训　盘点主流 AI 大模型

1. 实训目的

（1）了解 AI 大模型的概念，认识国内外主流 AI 大模型。

（2）学会注册 AI 大模型，并进行初步使用。

（3）思考 AI 大模型与客户服务的关系，探索普通客服人员如何利用 AI 大模型提升客户服务质量。

2. 实训背景

2023 年 12 月 4 日，《咬文嚼字》编辑部公布了"2023 年十大流行语"，"人工智能大模型"在列。

《咬文嚼字》这样介绍人工智能大模型："在人工智能领域，大模型是指拥有超大规模参数（通常在十亿个以上）、超强计算资源的机器学习模型，能够处理海量数据，完成各种复杂任务，如自然语言处理、图像识别等。计算机硬件性能不断提升，深度学习算法快速优化，大模型的发展日新月异。一系列基于大模型的人工智能应用相继问世，其中 DeepSeek、'文心一言'等已经在社会生产、生活方面产生了广泛影响。大模型的普遍应用，也对隐私保护、信息安全等带来巨大挑战，迫切需要相关法律和管理措施的有效应对。"

3. 实训要求

认真阅读实训目的与实训背景，发挥主观能动性，完成以下任务。

（1）授课教师布置盘点主流 AI 大模型的任务，并确定截止时间。

（2）由学生单独完成调查工作，并填写主流 AI 大模型调查表（见表 1-5）。

（3）到达截止时间后，授课教师收集所有表格，进行去重处理。

（4）授课教师在班级内公布去重后的所有 AI 大模型，组织学生讨论各 AI 大模型的优缺点，并发起投票，选出 3 个 AI 大模型作为以后常用的教学工具。

（5）由授课老师进行实训总结。

表 1-5　主流 AI 大模型调查表

序号	AI大模型名称	AI大模型类型	所属公司/机构	注册地址	注册要求	使用体验	备注

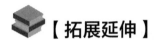

【拓展延伸】

提示词

1. 提示词的概念

在人工智能领域，提示词（Prompt）是指用户在与 AI 系统交互时，所提供的用于启动并引导 AI 系统生成回答或执行特定任务的自然语言描述。

提示词本质上是一种文本输入，它描述了用户希望 AI 系统完成的特定任务或所需的信息类型。提示词通常包含指令（即要求 AI 系统做什么）和上下文（与任务相关的背景信息）。一个典型的提示词通常是一个问题或任务描述，例如"请为我写一篇关于客户满意度调查的文章"。

2. 提示词的作用

提示词的作用主要是帮助 AI 系统更精确地理解用户的需求，从而输出更加符合用户期望的结果。优质的提示词能够明确任务目标，提供上下文，并指导 AI 系统在回答或生成内容时遵循的风格、格式和重点。这样做能有效减少 AI 系统的误解，提高人机交互的效率和质量。

3. 提示词的撰写技巧

（1）明确任务目标。在构建提示词之前，首先要明确希望 AI 系统完成的任务或解决的问题。

（2）简洁明了。尽量使用简洁明了的语句来表达需求，避免使用生僻的词汇或晦涩难懂的成语、长句。有时，还需根据所使用的 AI 系统的特点，合理选择输入的语言类型。

（3）提供上下文。根据任务的复杂程度，提供足够的上下文信息，以协助 AI 系统更好地理解任务背景和具体需求。

（4）使用关键词。在提示词中明确使用与任务相关的关键词，并加入具体的细节，这样有助于 AI 系统更快地识别任务的核心要点。

（5）迭代优化。根据 AI 系统的反馈，逐步调整和优化提示词，以达到最佳的交互效果。另外，可借助一些提示词生成与优化的网站，提高提示词质量。

【项目总结】

本项目的项目总结如图 1-2 所示。

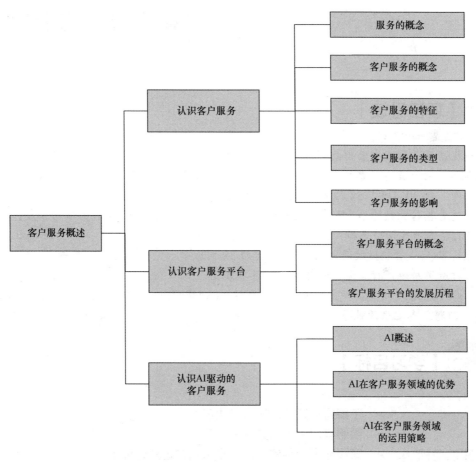

图 1-2　项目总结

课后思考

1. 简述客户服务对企业的影响。

2. 结合所学知识，自行查阅资料，制作一个表格，对比三代客户服务平台的优缺点。

3. 结合所学知识，自行查阅资料，总结并撰写一份全面且详细的"AI 技术发展时间线"。

4. 在许多关于 AI 技术的电影中，常有 AI 产生自主意识并反抗人类的情节。你认为这种情况在现实生活中是否可能发生？你认为我们应该如何正确地使用 AI 技术？

PART 02

项目二
客户开发管理

 【项目导读】

　　"这是一个关键的历史时机，必须紧紧抓住 AI 带来的巨大发展机遇，全力以赴打造本地生活服务行业中最出色的 AI 应用，助力我们的客户实现安居乐业的梦想。"这是 58 同城（北京五八信息技术有限公司旗下的分类信息网站）首席执行官姚劲波的"数字人分身"在 2024 年"58 神奇日"上的一段讲话。

　　随着各行业拥抱 AI 技术的速度加快，58 同城也加快了 AI 领域的布局速度，提出了"打造本地生活服务行业最佳 AI 应用"的发展目标。在此背景下，58 同城推出了 AI 智能获客、AI 智能提效两大 AI 产品，借助 58 同城平台完整的行业生态与强大的 AI 模型，打造了房地产行业全新的智慧营销解决方案。

　　此外，58 同城正在加宽、加深、加速对 AI 领域的探索，除房地产行业外，还推动 AI 在招聘、本地生活服务、汽车等多个业务场景的落地应用与普及。

 【学习目标】

知识目标

➤ 了解客户开发的概念与内容。
➤ 熟悉客户识别与选择的内容。
➤ 掌握客户识别的方法，理解客户选择的要求。
➤ 熟悉客户识别与选择的步骤。
➤ 了解 AI 技术在客户开发与维护领域的运用形式。

素养目标

➤ 提升信息调研能力、数据分析能力和技术应用能力。
➤ 培养创新和探索精神，增强持续探索新的客户开发方法和策略的意识。
➤ 加强对客户重要性的认识，牢固树立"客户为中心"的服务观念。

如果企业不进行客户开发，那么从企业购买产品或服务的人就仅仅只是"消费者"。

任务一　认识客户开发

客户不仅是企业收入的来源，也是推动企业持续成长和创新的重要动力。

 情景模拟

绿洲科技公司主要生产和销售智能家居设备，产品包括智能灯泡、温控器和安全系统等。尽管绿洲科技产品质量上乘，但近几年来，其业绩增长十分缓慢。

起初，公司创始人李明认为，市场竞争激烈是导致业绩增长缓慢的主要原因。为此，他们把大量资源投入研发和产品升级上，希望通过技术优势来吸引更多消费者。然而，尽管产品不断创新，但销售数据并未明显改善。每次发布新品后，短期内销售额会有所上升，但很快又会回落到原来的水平。

在一次季度会议上，销售经理张婷提出了一个令人深思的问题："为什么我们的产品如此出色，却没有持续增长的客户群体？"这引发了团队的深刻反思。

为了扭转局面，李明请来了王伟团队。王伟团队在客户开发和关系管理领域有着丰富的咨询经验。经过一番调研，王伟发现，绿洲科技公司在客户开发和维护方面存在严重不足。长期以来只关注产品的改进，却忽视了如何有效地开发和维护客户。"你们的产品确实优秀，但你们缺乏与客户的持续互动和关系维护，"王伟说道，"你们需要的不是销售产品，而是建立一个忠诚的客户群体。"

在王伟团队的指导下，绿洲科技公司开始了一场全方位的客户开发转型。随着一系列客户开发策略的实施，绿洲科技公司的销售业绩开始上升，客户满意度和忠诚度也明显提升。

思考：

1. 为什么绿洲科技的产品出色，但销售额无法持续增长？
2. 你认为上述情景中，王伟是否夸大了客户的重要性？
3. 你认为王伟团队给绿洲科技公司的指导中可能包括哪几个方面的内容？

先思考以上问题，完成任务一的学习后，再回答以上问题。

一、客户的重要性

客户是指通过购买或租赁行为消费企业产品、服务的个人或组织。客户可以是最终消费者，也可以是在生产和分销过程中的其他企业或机构。

了解和重视客户不仅是企业获取竞争优势的必要条件，还是企业实现可持续发展的重要手段。具体而言，客户的重要性可以从以下 5 个方面理解。

1. 主要收入来源

客户是企业经济收益的源泉。无论是初次购买还是重复消费，客户的每一次交易都直接贡献于企业的销售额和利润。长期、稳定的客户关系能为企业带来持续且可预测的收入，这是企业财务健康的重要基石。

2. 塑造与提升品牌价值

在品牌建设过程中，了解客户的体验和反馈是不可或缺的环节。一个满意的客户不仅可能转化为长期、忠实的品牌追随者，还可能通过口碑效应，将他们的积极体验传播给更多的人。这种传播对于提升企业的市场声誉和巩固品牌形象具有不可估量的价值。

3. 构建市场竞争优势

在当今激烈的商业竞争中，谁能更深入地了解客户需求，谁能提供更贴心、更个性化的产品和服务，谁就能在市场中占据先机。客户的满意度和忠诚度不仅是对企业过去努力的肯定，也是未来竞争优势的重要基础。通过精细化的市场细分，企业可以为不同类型的客户提供定制化的解决方案，从而在竞争中脱颖而出。

4. 驱动创新与服务改进

客户的声音是宝贵的市场情报。他们的反馈、建议甚至抱怨，都能为企业提供改进和创新的方向。通过系统地收集和分析客户反馈，企业可以及时发现并修正产品或服务中的不足，还可以基于客户的需求和期望，开发出全新的产品或服务。这种以客户为中心的创新模式能够确保企业在不断变化的市场环境中保持敏锐的洞察力和快速的响应能力。

5. 客户生命周期管理

客户与企业之间的关系并非一成不变。从最初的潜在客户，到成为忠实客户，再到可能因各种原因而流失的客户，都需要企业选择恰当的策略进行开发与维护。通过深入理解客户在不同生命周期阶段的需求，企业可以制定更加精准和有效的客户服务策略，提升客户满意度和忠诚度，从而延长客户的生命周期，提升客户的生命周期价值。

二、客户开发的概念与内容

客户开发是指企业通过各种渠道和方法，寻找、吸引并维持新的客户群体的过程。这一过程不仅涵盖初次接触和吸引客户，还涉及深入了解客户需求、提供解决方案、建立长期合作关系等环节。客户开发是市场营销和销售活动的核心组成部分，对企业的业绩增长和可持续发展具有至关重要的作用。

在客户开发的过程中，两个重要环节不容忽视：客户识别与客户选择。

1. 客户识别

客户识别是企业开展客户开发的前期工作。它要求企业具备敏锐的市场洞察能力，能够准确识别出潜在的目标客户群体。这通常涉及对市场进行细分，理解不同细分市场的特点和需求，以及评估这些市场对企业产品或服务的潜在兴趣。通过有效的客户识别，企业能够更精准地定位其营销和销售活动，从而提高资源使用效率，增加成功吸引新客户的机会。

2. 客户选择

客户选择是在识别出潜在客户群体后，进一步筛选出最有可能成为企业长期合作伙伴的目标客户的过程。这一过程需要企业综合考虑多个因素，如客户的购买潜力、信用状况、合作意愿以及与企业发展战略的契合度等。通过谨慎的客户选择，企业能够确保将有限的资源投入最有价值的客户关系中，从而使投资回报最大化。

客户开发是一个综合性、策略性的过程，涵盖了从市场洞察到客户关系建立的各个环节。在这个过程中，客户识别和客户选择如同罗盘和筛网，指引着企业走向正确的市场方向，并筛选出最符合企业发展战略的优质客户。

课堂互动：

　　代入企业角色，把自己当作客户进行分析，你认为自己可能是哪些类型企业的目标客户？

三、客户开发的原则与作用

1. 客户开发的原则

（1）持续开发

客户开发是一个持续的过程，不应止步于初次成功开发客户。企业需要不断挖掘新的潜在客户，同时维持与现有客户的良好关系。持续的客户开发有助于企业保持市场活力和竞争力，并在市场变化中抓住新的机会。

（2）数据驱动

数据驱动是现代客户开发的重要原则。通过分析客户数据，企业可以更精准地定位潜在客户群体，了解客户的需求和行为模式。

（3）动态适应

市场环境和客户需求是不断变化的，企业需要具有动态适应的能力。及时调整客户开发策略，灵活应对市场变化，有助于企业在竞争中保持优势。动态适应原则要求企业密切关注市场趋势和客户反馈，不断优化产品和服务。

2. 客户开发的作用

（1）拓展市场，推动销售

客户开发是企业拓展市场和推动销售增长的关键手段。通过精准识别和有效吸引新客户群体，企业可以显著扩大市场份额，增加销售收入来源。新客户的加入不仅直接提升了销售业绩，还可能通过口碑传播和社交网络效应，吸引更多潜在客户关注并购买企业的产品或服务。

（2）传播品牌，提升影响

在客户开发过程中，企业通过各种营销活动和客户互动推广企业产品或服务，这间接提升了品牌知名度和美誉度。客户开发是一个持续的过程，在这个过程中，企业品牌形象会不断传播，进而不断提升企业的影响力。

（3）了解市场，调整定位

客户开发为企业提供了深入了解市场和消费者行为的宝贵机会。通过与客户的直接交流和互动，企业可以收集到关于市场需求、产品改进意见以及消费者偏好等关键信息。这些信息对于优化产品定位、调整市场策略以及改进产品和服务至关重要。通过充分利用这些市场洞察信息，企业可以确保自己的产品和服务更加贴合市场需求，从而在竞争中保持领先地位。

任务总结

客户是企业的重要资产，理解和重视客户是获取竞争优势和实现可持续发展的关键。通过客户开发，企业不仅能获得主要收入来源、提升品牌价值、构建市场竞争优势，还能驱动创新与服务改进，实现有效的客户生命周期管理。

任务二　客户识别与选择

在当前市场竞争激烈的环境下，许多企业拥有庞大的潜在客户群体。然而，如何精准识别并吸引真正的优质客户，才是企业保持市场竞争力的关键所在。

情景模拟

王伟团队在指导绿洲科技公司进行客户开发的过程中，分享了这样一个小故事。

某天，小丽逛街时想到不久后要去表姐家做客，于是决定买两件童装作为礼物，送给表姐家的两个孩子。小丽刚毕业不久，手头并不宽裕，于是把预算设定在了400元。小丽在商场逛了很久，发现这里的童装价格昂贵，花费400元根本无法购买两件。在小丽几乎要放弃时，一家新开的服装店吸引了她的注意。带着"再看最后一家"的想法，小丽走进了这家店。

进店后，小丽发现这里也有童装售卖，于是向服务人员表达了想用400元左右的预算购买两件童装的想法。服务人员听后礼貌地问："您也知道，童装一般都比较贵，主要是因为小孩子的衣服对材质有要求，不能刺激皮肤。冒昧地问一下，您为什么一定要坚持用400元左右的预算买两件童装呢？"小丽只好表示这是送给表姐孩子的礼物。服务人员听后微笑道："我了解了，其实您真正想买的是礼物，而这个礼物不一定是要童装，对吗？我们店里也有很多可爱的公仔玩具，我想您表姐的孩子们一定会喜欢的！"

小丽听后突然有种茅塞顿开的感觉，欣然接受了服务人员的建议，购买了两个可爱的公仔，总共花费不到 200 元。后来，当她把礼物送给表姐的孩子时，孩子们非常喜欢。

思考：

1. 为什么最后那家店的服务人员不坚持向小丽推荐童装，而是推荐公仔玩具？

2. 如果小丽坚持要买童装，服务人员应该如何应对？

3. 你认为王伟团队分享这个小故事的用意是什么？如果你是王伟，你会通过这个小故事引申出哪些道理，供绿洲科技公司的员工思考？

先思考以上问题，完成任务二的学习后，再回答以上问题。

一、客户识别与选择的内容

客户识别与选择是企业市场营销和业务拓展的两大关键步骤。通过识别潜在客户和选择价值客户，企业能够更有效地分配资源，从而提升市场竞争力。

1. 客户识别的内容

前文提到，客户识别要求企业具备敏锐的市场洞察能力，能够准确识别出潜在的目标客户群体。具体而言，客户识别包括以下三大内容。

（1）识别潜在客户

企业应对市场进行全方位的扫描，搜集并整合各类客户信息。通过深入剖析这些数据，企业能够勾勒出潜在客户的轮廓，包括他们的消费习惯、购买偏好及可能存在的需求痛点。这样，企业在后续的市场活动中便能有的放矢，更加精准地接触这些潜在客户。

（2）寻找价值客户

并非所有客户都能为企业带来同等的价值，因此，寻找价值客户实际上是一个客户细分的过程。企业需要通过一系列科学的评估标准，对现有客户进行分级、分层和分类。这样做的好处是，企业能够清晰识别出那些真正具有高价值的客户，从而为他们提供更加个性化、高品质的服务。同时，这也有助于企业优化资源配置，将有限的精力和资源更多地投入到能够带来更大回报的客户群体上。

（3）理解客户需求

客户的需求是多样且不断变化的。为了最终留住客户，企业必须深入了解他们的需求，并据此调整自身的产品或服务策略。通过与客户保持紧密的沟通，以及定期开展市场调研，企业可以实时掌握客户的最新需求动态，从而确保自身的产品和服务始终与市场需求保持同步。这样，企业不仅能够满足客户的现有需求，还能在某种程度上预见并引领客户的未来需求，从而在激烈的市场竞争中占据先机。

课堂互动：

"企业需要通过一系列科学的评估标准，对现有客户进行分级、分层和分类。"请展开小组讨论，尽可能详细地总结出"分级、分层和分类"的标准。

2. 客户选择的内容

（1）确认目标客户

确认目标客户是客户选择的核心环节。企业需要基于客户识别阶段所收集的数据，进一步筛选出符合企业市场战略和产品定位的客户群体。这一过程通常涉及客户细分和优先级排序，旨在有限的资源下使营销效果最大化。

（2）达成交易或合作

在确认目标客户后，企业需要通过有效的沟通和营销策略，与客户达成交易或合作。这包括制定个性化的销售方案、提供有吸引力的优惠或服务，以及建立良好的客户关系，以确保交易的成功。

（3）维护客户关系

客户开发不仅限于首次交易，还包括后续的客户关系维护。因此，企业需要持续关注客户的需求变化和满意度，通过定期沟通、收集客户反馈和不断改进服务，建立和巩固长期的客户关系。良好的客户关系有助于提升客户忠诚度和促进口碑传播，进而吸引更多潜在客户。

二、客户识别的方法

通过有效的客户识别，企业能够更精准地聚集资源，提高市场响应速度和营销效率。以下是 3 种常见的客户识别方法。

1. 帕雷托分析法

帕雷托分析法，也被广泛称为二八法则。其核心观点是：在很多情况下，大约 80% 的结果是由约 20% 的变量所产生的。在客户服务、市场营销等领域，这一法则被用来指导企业识别那些能够为企业带来绝大部分营业收入的关键客户群。

当企业运用帕雷托分析法进行客户识别时，首要步骤是深入分析销售数据。通过这一步骤，企业能够准确找出那些虽然数量上只占少数，但对企业营收贡献巨大的高价值客户。这些客户是企业需要重点关注和服务的对象。了解他们的消费习惯、偏好和需求，有助于企业制定更加贴合他们期望的营销策略和服务方案，进而提升客户的忠诚度和整体满意度。

帕雷托分析法简单易行，能够帮助企业迅速定位高价值客户群，进而优化资源配置，提升营销活动的效果。

2. STP 分析法

STP 是市场细分（Segmenting）、目标市场选择（Targeting）和市场定位（Positioning）的简称。STP 分析法是一种全面而系统的市场分析方法，通过市场细分、目标市场选择和市场定位这一系列步骤，企业能够更深入地理解市场结构，识别和选择最具发展潜力的客户群体，并据此制定独特的市场定位策略。

在运用 STP 分析法进行客户识别时，企业首先应基于多维度的数据对市场进行细分。接着，从这些细分市场中选定与企业战略最为契合的目标市场。最后，根据目标市场的特点和需求，制定差异化的营销策略，以实现精准营销和资源的最优化配置。这一过程不仅提高了客户识别的准确性，还有助于企业构建独特的市场竞争优势。

STP 分析法提供了全面的市场分析视角，帮助企业更精准地识别目标客户群，并制定针对性的营销策略。这有助于提高企业的市场响应速度，提升营销效果。然而，STP 分析法的实施过程相对复杂，需要大量的数据支持和深入的市场调研。这不仅增加了企业的运营成本，还可能因数据获取和分析的局限性而影响最终市场定位的准确性。

3. MAN 客户分析法

MAN 是资金能力（Money）、购买决策权（Authority）以及实际需求（Need）的缩写。企业可以使用 MAN 客户分析法评估客户的资金实力、决策权和需求，快速筛选出最有可能购买的客户，从而提高销售效率。

在应用 MAN 客户分析法时，企业会重点关注那些具备足够资金实力、拥有购买决策权且对产品或服务有明确需求的潜在客户。这种方法特别适用于复杂产品或解决方案的销售场景，如工业设备、高端软件或专业咨询服务等。通过 MAN 客户分析法，企业能够更高效地锁定目标客户，提高销售活动的成功率和整体效率。具体而言，MAN 客户分析法的使用策略如表 2-1 所示。

表 2-1 MAN 客户分析法的使用策略

序号	MAN 类型		应对策略
1	M+A+N	有资金、有决策权、有需求	目标客户，是客户开发的重点
2	M+a+N	有资金、有需求、无决策权	有望成为目标客户，顺着客户的信息找到具有决策权的人
3	m+A+N	有决策权、有需求、无资金	有望成为目标客户，可以调查其是暂时无资金还是长期无资金，或者根据其收入水平给予适当的帮助
4	M+A+n	有资金、有决策权、无需求	潜在客户，应设法创造需求
5	M+a+n	有资金、无决策权、无需求	可适当接触，观察其具备其余两项条件的可能性
6	m+A+n	有决策权、无资金、无需求	可适当接触，观察其具备其余两项条件的可能性
7	m+a+N	有需求、无资金、无决策权	可适当接触，观察其具备其余两项条件的可能性
8	m+a+n	无资金、无决策权、无需求	不具备成为客户的条件，对其信息进行复核与确认，确认无误后，一般情况下直接放弃

MAN 客户分析法有助于企业快速筛选出具备高购买潜力的客户群，从而提高销售团队的工作效率和业绩。同时，它还能够帮助企业更加精准地分配营销资源，优化销售策略。

然而，这种方法的应用也有一定局限性，它更适用于 B2B（Business to Business，企业对企业）市场或特定的高价值产品领域。在广泛的消费者市场中，MAN 客户分析法的适用性可能会受到限制。此外，它过于依赖客户的显性特征（如资金、决策权等），可能导致企业忽视某些潜在的高价值客户或新兴市场机会。因此，在使用 MAN 客户分析法时，企业应结合其他市场分析方法，以获得更全面、准确的客户洞察。

> 🔍 **课堂互动：**
>
> 请展开小组讨论，深入分析帕雷托分析法的概念与内容，并总结这种方法的局限性。

三、客户选择的要求

在进行了初步的客户识别之后，企业需要进一步筛选和确定目标客户。这一过程中，客户选择显得尤为重要，它不仅关乎企业的市场拓展策略，还直接影响着企业的长期发展和品牌建设。以下是进行客户选择时应考虑的 5 个关键要求。

1. 客户潜力要求

对于企业客户而言，其规模、实力和资质是衡量其潜力的重要指标。例如，一家正在寻求供应链合作伙伴的大型制造企业，会更倾向于选择那些生产规模大、技术实力强、拥有相关质量认证和环保资质的供应商。

对于个人客户而言，购买力与购买需求则是评估其潜力的关键因素。一个高端品牌在进行市场推广时，可能会将目标客户定位为高收入群体，以确保其产品和服务能够获得相应的市场回报。

2. 客户类型要求

不同类型的客户有着不同的需求和消费习惯。例如，在 B2B 模式下，一家提供企业资源计划（Enterprise Resource Planning，ERP）软件的公司，可能会优先选择那些正在进行数字化转型或升级的大中型企业作为目标客户；而在 B2C（Business to Consumer，企业对消费者）模式下，一家销售户外运动装备的品牌可能更关注热爱户外活动的年轻消费群体。

3. 客户信用要求

在选择客户时，客户的信用状况是一个不可忽视的考量因素。特别是在提供赊销或分期付款服务时，了解客户的信用历史记录、支付能力和支付习惯至关重要。例如，在企业贸易中，供应商通常会通过信用调查机构来评估潜在买家的信用情况，以避免无法正常回款。

4. 客户口碑要求

客户的口碑和声誉对于企业的品牌形象有着深远的影响。在选择客户时，企业应考察其在业界的评价、历史交易记录以及是否有不良行为等。例如，一家提供高端餐饮服务的餐厅，在选择食材供应商时，会特别关注供应商的食品安全记录和市场评价，以确保食材的高品质。

5．客户忠诚要求

客户的忠诚度对于企业的长期稳定发展至关重要。在选择客户时，评估其是否有可能成为忠诚客户是一个重要的考量点。这通常涉及对客户消费行为、品牌偏好、回购率等数据的分析。例如，一家电商平台可能会通过大数据等技术进行分析，识别出那些频繁购买、对价格敏感度较低、愿意尝试新产品的客户，将其作为重点维护和服务的对象。

四、客户识别与选择的步骤

客户识别与选择是一个循序渐进的过程。企业首先要广泛收集信息，精准定位潜在客户，进而通过细致的客户细分和动态调整，制定出贴合实际的发展策略。随后，企业在明确客户需求的基础上，通过有效的沟通和交易合作，最终建立起稳固的客户关系。

1．客户识别的步骤

（1）收集客户资料

客户资料的收集是客户识别的起点。客户资料包括内部资料和外部资料。内部资料主要来源于企业已有的客户数据库，如客户购买记录、消费偏好等；外部资料则通过市场调研、行业报告等途径获取。

（2）定位潜在客户

在资料收集的基础上，企业需利用数据分析工具，识别出具有潜在购买意愿和购买能力的客户群体。例如，通过分析消费者的购买历史和浏览记录，电商平台可以精准定位到对某类商品感兴趣的潜在客户。

（3）进行客户细分

客户细分有助于企业更深入地了解不同客户群体的需求和特点。企业可以根据客户的地理位置、年龄层次、消费习惯等多个维度进行细分，以便为不同类型的客户提供个性化的产品和服务。

（4）动态调整结果

市场环境和客户需求是不断变化的，因此客户识别也需要是一个动态的过程。企业应定期评估现有客户群体的变化，及时调整客户细分策略，以确保客户识别的准确性和有效性。

（5）制定发展策略

基于对客户群体的深入了解，企业应制定相应的发展策略，包括产品定位、市场推广、服务优化等。这些策略应紧密围绕客户的需求和期望，以提升客户满意度和忠诚度为目标。

2. 客户选择的步骤

（1）确认客户需求

在客户识别完成后，企业需要进一步确认客户的具体需求。这可以通过问卷调查、在线咨询、电话访谈等方式进行，以确保企业提供的产品和服务能够精准地满足客户的期望。

（2）进行客户沟通

有效的沟通是客户选择的关键环节。对于企业客户，企业可以通过商务洽谈或谈判来明确合作意向和条款；对于个人客户，则可以通过促销活动或产品讲解来增强购买意愿。在沟通过程中，企业应注重倾听客户的反馈，及时调整沟通策略。

（3）交易或合作

在客户需求明确且沟通顺畅的基础上，企业可以与客户达成交易或展开合作。对于企业客户，这可能意味着签订长期合作协议；对于个人客户，则可能是完成商品购买或租赁等交易行为。

（4）维护客户关系

交易或合作的完成并不意味着客户关系的终结，相反，这是建立长期客户关系的开始。企业应通过开展定期回访、建立客户组织等措施，持续维护客户关系，提升客户满意度和忠诚度，从而实现客户的持续价值和企业的可持续发展。

> **课堂互动：**
>
> 请使用 AI 工具绘制客户识别与选择的流程图。

任务总结

客户识别与选择是企业成功的关键。企业应广泛收集和分析客户信息，识别潜在客户，发现高价值客户，并深入理解其需求，与其建立稳固的客户关系。

任务三　运用 AI 技术进行客户开发与维护

在当今竞争激烈的商业环境中，客户开发与维护是企业成功的关键因素。然而，传统的方法往往难以适应不断变化的市场需求和客户期望。AI 技术的发展为应对这一挑战提供了全新的解决方案。

情景模拟

在王伟团队的指导下，绿洲科技公司的客户开发工作越做越好，效果也十分明显，公司的销售业绩和客户满意度都有了大幅提升。

随着绿洲科技公司对市场敏感性的提升，公司的创始人李明逐渐意识到，AI 技术已经越来越成熟，成为各行业提高效率和优化服务的重要工具。这是市场对客户开发和维护提出的新挑战，要保持竞争力，公司就必须拥抱这一新兴技术。

李明决定大力投入 AI 技术的应用。他高薪聘请了一个技术团队，开发了一套 AI 驱动的客户关系管理系统，该系统具备自动挖掘潜在客户、自动追踪客户动态、智能互动、自动客户分类、智能预测客户流失风险、自动回访等功能。

为了让这个系统发挥最大效益，李明让技术团队定期对销售、客服等部门人员进行培训，指导他们深入理解 AI 技术的进阶使用方法，以实现人工与机器的高效协同。这一举措取得了显著的效果。

思考：

1. 李明组织开发的这套 AI 驱动的客户关系管理系统还可能有哪些功能？
2. 为什么李明要让技术团队定期对其他部门人员进行培训？
3. 你认为类似绿洲科技公司的企业使用 AI 技术时，应该注意哪些问题？

先思考以上问题，完成任务三的学习后，再回答以上问题。

一、网页访客实时评分

在 AI 技术尚未广泛应用的时期，企业对于访问其网站的潜在客户往往知之甚少。这种信息的匮乏引发了一系列问题：企业难以判断这些访客从何而来，他们在网页上停留了多久，以及他们具体对哪些内容感兴趣。更为关键的是，企业无法准确区分新访客与回头客，这极大地限制了其对潜在客户的有效开发与深度维护。

这种局面导致企业在与客户的互动中缺乏针对性，效率低下，从而错失了许多转化良机。

随着 AI 与大数据等技术的迅猛发展，网页访客实时评分技术得以实现。该技术能够将访客在网站上的各种行为语言转化为可量化的数字指标，如停留时间、访问频次、上次访问时间等。基于这些数据，企业可以轻松地将访客划分为不同的级别或类型，从而实现对潜在客户的更精准识别与营销策略的个性化制定。图 2-1 所示为某企业开发的网页访客实时评分系统示例。

图 2-1　网页访客实时评分系统示例

具体而言，网页访客实时评分技术包含以下 3 点重要内容。

1. 访客识别

在众多访问网站的潜在客户中，不同类型的客户所表现出的兴趣程度存在显著差异。有些访客会深入探索网站的每一个角落，花费大量时间来详细了解产品或服务；而另一些访客则可能只是匆匆浏览几个页面后就离开。借助 AI 技术，企业可以根据访客的行为模式和兴趣程度，对他们进行精准分类。

例如，那些对网站内容表现出高度兴趣、频繁访问且停留时间较长的访客可以被划分为"焦点访客"或"热门访客"，并被归入核心关注的内环；而那些访问频次较低、停留时间较短或对网站内容兴趣不大的访客则被视为"冷门访客"，处于相对外围的关注圈层。这种分类方式使得企业能够优先与那些更需要关注的访客进行互动，从而显著提高转化率。

2. 访客评分

为了更深入地挖掘每位访客的价值与潜力，企业可以基于一系列精心设计的规则，为每位访客打分。这些规则涵盖了多个维度，如访问频率、平均停留时间、浏览的页面数量及深度、是否查看了关键信息（如产品详情页、价格信息、联系方式等），以及是否进行了在线咨询、购买等转化行为。

通过叠加应用这些规则，并结合大数据分析技术，企业可以为每位访客生成一个具有高度综合性的评分。这个评分不仅反映了访客当前的价值，还预示了他们未来的潜力，从而为企业提供了更准确的潜在价值判断依据。

3. 生成报告

利用 AI 技术生成的可视化报告为企业呈现了一幅清晰的客户画像。这些报告能够实时追踪并展示各类潜在客户的动态变化，如焦点访客的活跃度、热门访客的兴趣点转移以及冷门访客的潜在激活机会等。

通过直观的数据图表和深入的数据分析，企业不仅可以迅速掌握当前访客的整体状况，还能及时发现市场趋势和客户需求的变化，为营销策略的制定和调整提供有力的数据支持。这种以数据为驱动的决策方式使得企业能够更有效地识别并抓住潜在客户中的高价值目标，从而推动整体销售业绩的持续提升。

二、自动化访客追踪与互动

过去，由于技术限制，企业主要依赖手动分析和后续跟进来追踪网站访客的行为和互动。这种方式不仅效率低下，而且常常错失与客户即时互动的机会。同时，数据的收集和分析也是滞后的，无法为企业提供实时的市场反馈和客户需求信息。

借助 AI 技术，企业现在能够实时追踪访客行为，并及时发起互动，从而显著提高了客户服务的响应速度和个性化水平。图 2-2 所示为某企业开发的自动访客追踪与互动系统示例。

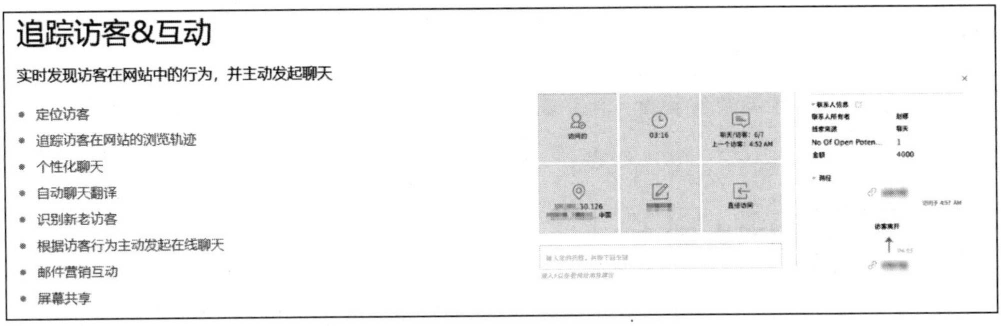

图 2-2 自动访客追踪与互动系统示例

自动访客追踪与互动系统一般包括以下主要功能。

1. 自动定位访客

对于企业而言，地理位置是客户的重要信息之一。通过 AI 技术，企业可以精确定位访客所在地区，这不仅有助于了解访客的文化背景和消费习惯，还能有针对性地提供个性化的折扣和优惠。例如，针对特定地区的访客，企业可以使用当地语言进行问候，增加亲切感；同时，根据访客流量的地理分布，企业可以更有效地规划区域性营销活动。

2. 追踪访客轨迹

借助 AI 等技术，企业可以直观查看访客在企业网站上的浏览轨迹。这些浏览轨迹实际上是宝贵的客户行为数据。据此，企业可以迅速识别出互动频率高或低的网页，并优化内容布局和客户体验。此外，系统还能区分新访客和回头客，通过查看访客的聊天记录和之前的访问路径，企业可以进行更精准的个性化互动，从而提高销售转化率。

3. 主动发起聊天

当访客在网站上表现出一定的活跃度或满足特定条件时，系统可以主动发起实时聊天邀请。这种即时的互动方式极大地提升了访客的参与度。一般而言，积极参与互动的访客购买可能性是普通访客的数倍。通过设定规则（如访客停留时间、重点访客登录等），系统能够智能地判断何时发起聊天最为合适。

在聊天过程中，个性化服务是关键。访客可以查看客服代表的简介，并选择自己需要或喜欢的客服人员进行沟通。这种个性化的服务方式显著提升了访客的体验和满意度。同时，利用大语言模型等 AI 应用，系统还支持自动聊天翻译功能，无论访客使用何种语言，客服都能进行流畅沟通，从而极大地拓展了企业的市场覆盖范围。

4. 智能邮件营销

传统的营销邮件往往是单向的信息传递，而 AI 技术为邮件营销注入了新的活力。通过在营销邮件中添加快速对话功能（如企业签名后的在线咨询链接），客户只需点击一下即可向在线客服发起咨询。这种互动式的邮件营销方式不仅提升了客户的参与度，还为企业带来了更多的销售机会。

AI 客户服务与管理（慕课版）

你是否有过在浏览网页时，网页客服主动向你发起问候的经历？你喜欢这种问候形式吗？为什么？

三、自动化挖掘潜在客户

在传统的客户开发过程中，企业往往依赖人工外呼、邮件营销等手段来挖掘客户。这些方法虽然能够覆盖一定的目标客户群体，但存在效率低下、成本高昂、精准度欠佳等局限性。随着相关技术的快速发展，自动化和智能化的客户挖掘手段逐渐成为主流。这不仅提高了客户挖掘的效率，还极大地降低了成本，尤其是通过更精准的数据分析，企业可以显著提高潜在客户的转化率。

AI 技术的引入为自动挖掘潜在客户提供了新的契机。借助大数据和机器学习等技术，企业能够更准确地识别潜在客户群体，并针对性地进行营销和推广。此外，AI 技术还能够在更大范围内进行数据采集和分析，进一步丰富了客户挖掘的途径和方法。

1. 主要形式

（1）自动外呼系统

通过 AI 技术，企业可以设置自动外呼系统，利用预先设定的算法和沟通规则，自动拨打电话向潜在客户进行产品或服务推广。与传统的人工外呼相比，自动外呼的效率显著提高，因为系统能够同时处理大量呼叫任务，无须人工干预。这不仅降低了人力成本，还避免了人为因素导致的失误或误解。此外，自动外呼系统还能通过数据分析动态调整话术策略，提升与客户的沟通效果。图 2-3 所示为某企业自动外呼系统介绍。

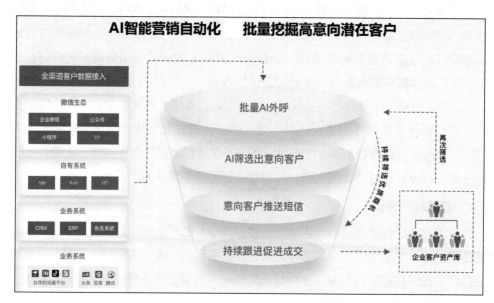

图 2-3　某企业自动外呼系统介绍

（2）全网搜索系统

全网搜索系统是指利用 AI 技术对互联网资源进行全面的搜索和分析，以发现潜在客户。社交媒体、行业论坛、品牌资源等都是重要的数据来源。通过自然语言处理、情感分析等技术，全网搜索系统可以自动筛选出对特定产品或服务感兴趣的客户。然后，企业可以针对这些客户群体开展精准的营销活动。图 2-4 所示为某企业全网搜索系统介绍。

图 2-4　某企业全网搜索系统介绍

2. 应用场景

（1）电商行业

在电商行业，自动外呼和全网搜索技术被广泛应用于潜在客户挖掘。例如，电商平台通过自动外呼系统向潜在客户推送优惠活动、新品上架等信息，激发潜在客户的购买欲望，提高销售额。此外，全网搜索技术还可以帮助电商平台了解市场趋势，调整产品策略。

（2）金融行业

银行、保险等金融机构可以利用自动外呼系统推广新产品，回访老客户。这不仅提升了客户满意度，还提升了客户的忠诚度。例如，某保险公司通过自动外呼系统向客户推介新保险产品，并提供定制化的保险方案，成功提高了客户的续保率。

（3）培训行业

培训机构可以利用自动外呼系统推广各类培训课程，回访老学员。这不仅有助于机构扩大招生规模，还提升了品牌影响力。例如，某在线培训平台通过自动外呼系统邀请潜在学员参加免费试听课程，从而吸引了大量新学员注册。

课堂互动：

　　你是否接到过来自 AI 的电话？根据你的经历，AI 在外呼服务中表现得怎么样？

3. 使用要点

（1）明确企业需求

在选择和实施自动化客户挖掘工具之前，企业需要明确自身的营销目标和客户群体特征。只有了解了这些基本信息，企业才能选择最符合实际需求的外呼系统或全网搜索工具。

（2）合法合理全网搜索

合法合理地全网搜索客户信息是企业不可忽视的道德和法律责任。在使用 AI 技术全网搜索潜在客户时，企业应遵循数据隐私法规，不得恶意挖掘或通过非法手段获取敏感信息。此外，企业应只挖掘所需信息，并确保数据的实时性和准确性。

（3）合理设置外呼话术与时间

企业使用自动外呼系统时，应根据目标客户群体的特点精心设计话术，确保语言得体、信息清晰，并能引起客户的兴趣。

另外，企业应重视外呼时间段的设置，要根据客户的生活、工作习惯有针对性地安排外呼时间，避免给客户带来困扰。

四、智能化客户细分

在现代市场营销中，客户细分和定位是制定有效营销策略的核心环节。通过智能化的客户细分和精准定位，企业能够更好地满足客户需求，提升营销效果，并优化资源配置。下文将介绍客户细分的基本知识，并深入探讨如何利用 AI 技术实现客户细分与定位。

1. 客户细分概述

（1）客户细分的目的

客户细分是指根据一定标准将市场划分为不同的客户群体，以便企业能够更有效地针对每个群体制定营销策略。进行客户细分的主要目的如下。

① 提升营销效果。通过了解客户的需求和行为特征，企业可以制定更具针对性的营销方案，从而提高营销活动的效率。

② 优化资源配置。客户细分能够帮助企业将资源集中在最有潜力的客户群体上，减少无效投入，提高资源利用率。

③ 增强客户满意度。通过精准定位，企业可以提供更加符合客户期望的产品和服务，从而提升客户的满意度和忠诚度。

（2）传统客户细分方法的局限

过去，客服人员与销售人员通过统计客户的年龄、性别、收入水平、地理位置等信息来进行客户细分，并逐渐从这些表层因素转移到客户心理、客户行为等层面。表 2-2 所示为 5 种常见的客户细分模式。

表 2-2　5 种常见的客户细分模式

序号	细分模式	信息内容
1	基于人口统计信息的客户细分	年龄、性别、婚姻状况、职业、性别……
2	基于地理位置的客户细分	位置、气候、天气、语言……
3	基于行为的客户细分	访问企业官网、打开电子邮件、发表评论……
4	基于心理的客户细分	价值观、爱好、观点、生活方式选择、社会地位……
5	基于交易/价值的客户细分	交易总额、交易数量、交易类型、客户生命周期……

这种转变是有效的，但仍存在局限。这是因为传统的客户细分仍然停留在静态的、固定的标准上，难以适应不断变化的客户行为偏好。另外，由于技术限制，传统的客户细分依赖人工进行数据统计与分析，无法充分发挥数据的价值。

2. 利用 AI 技术进行客户细分

随着数据量的增加和技术的进步，利用 AI 技术进行客户细分逐渐成为一种趋势。利用 AI 技术，客服人员与销售人员能够实时分析和处理大数据，从而克服传统方法的局限性，实现更加精准和高效的客户细分与定位。

（1）工作原理

① 自然语言处理。通过自然语言处理技术，企业可以从非结构化的数据中提取有价值的信息，如社交媒体帖子、客户反馈、在线评论等。这些信息有助于企业了解客户的情感、需求和偏好，从而更好地进行客户细分。

② 预测模型。预测模型是利用历史数据来预测未来行为的一种方法。在客户细分中，预测模型可以帮助企业识别哪些客户最有可能进行购买、续约或流失。这种模型能够通过分析过去的购买记录、浏览历史和交互数据，预测客户未来的行为，从而使企业能够提前采取措施。

③ 深度学习。深度学习是一种复杂的机器学习方法，能够处理大量复杂的数据，识别出难以察觉的模式。在客户细分中，深度学习能够深入挖掘客户数据中的潜在信息，识别出更细致的客户群体。

④ 聚类算法。聚类算法是一种无监督学习方法，专注于将相似的数据点分组。在客户细分中，聚类算法可以自动识别和分类具有相似特征的客户群体，而不需要预先定义的标签。这种方法有助于发现新的市场机会和潜在的客户细分。

（2）实际影响

① 准确度和精确度提高。AI 能够处理大量数据，识别其中的复杂模式和趋势，从

而提供更准确的客户细分。例如，通过深度学习算法，AI 可以识别出具有相似购买行为的客户群体，实现精确定位。

② 可扩展性增强和效率提高。AI 能够快速处理和分析海量数据，适应不同规模的市场需求。无论是大规模还是小范围的客户细分任务，AI 都能够高效完成，从而节省时间和资源。

③ 实时数据分析与自适应定位。AI 可以实时分析客户行为数据，并根据分析结果动态调整细分策略。例如，通过实时监测社交媒体数据，AI 可以快速识别客户兴趣的变化，并据此调整营销策略。

④ 个性化服务与客户体验改善。AI 能够根据客户的具体行为和偏好提供个性化的推荐和服务，从而改善客户体验。例如，AI 可以根据客户的浏览历史推荐相关产品，增加购买的可能性。

（3）工作要点

① 正确设置目标。将 AI 技术应用于客户细分领域的过程中，明确细分目标至关重要。无论是提高精准度、转化率，还是增强客户满意度，明确的目标都能指导细分策略的制定，并确保其与企业总体业务目标保持一致。

② 合理收集数据。AI 技术驱动的客户细分依赖于高质量的数据。企业应收集全面、准确且相关性高的数据。

③ 及时更新算法。支撑 AI 驱动客户细分的是背后的机器学习、自然语言处理等技术及其算法。企业应定期监控并优化算法，确保其能够准确反映客户行为和偏好的变化。

④ 定期进行验证。尽管 AI 算法提供了有价值的见解，但直接的客户反馈仍然重要。通过调查、访谈或焦点小组等方式收集客户意见，有助于验证和完善细分市场，确保其符合客户的实际需求。

⑤ 保护信息安全。在收集和使用客户信息时，必须遵守数据隐私方面的法律法规，通过制定制度、规范流程等方法，保护数据安全。

五、智能预测客户流失

在激烈的市场竞争中，客户流失是企业必须面对的重要问题。企业可以提前采取措施来预测客户流失，并及时应对，从而降低流失率，提升客户忠诚度。

1. 客户流失预测概述

客户流失预测是指利用 AI 技术，特别是大型预训练语言模型、机器学习模型等高级数据分析工具，对客户的行为数据、交易记录、反馈信息等多元化数据进行深度挖掘与分析的过程。这一过程旨在识别出在未来一段时间内有可能离开或停止使用产品或服务的客户。

对于企业而言，客户流失预测的重要性体现在以下 3 个方面。

（1）减少流失成本

客户流失意味着企业需要投入更多的资源和成本以吸引新客户，填补流失客户留下的空缺。这一过程耗时耗力且成本高昂。通过有效的客户流失预测与管理，企业能够及时发现并解决导致客户流失的问题，从而降低流失率，节省大量的客户获取成本。此外，保留现有客户有助于维持稳定的收入来源，进一步降低企业的经营风险。

（2）优化资源配置

了解客户流失的原因和趋势，有助于企业更精准地把握市场需求和客户偏好。基于这些信息，企业可以优化产品组合、改进服务流程、调整营销策略，确保资源投入最具潜力和回报的领域。这种有针对性的资源配置不仅能提高企业的运营效率和市场响应速度，还能增强企业的核心竞争力，使企业在激烈的市场竞争中占据优势。

（3）提升客户忠诚度

客户忠诚是企业持续发展的重要基石。通过关注并解决导致客户流失的问题，企业能够展现出对客户的关心和重视，从而增强客户对企业的信任和忠诚。忠诚的客户不仅更有可能长期购买企业的产品和服务，还可能成为企业的口碑传播者，为企业带来更多潜在客户。因此，通过有效的客户流失管理来提升客户忠诚度，对企业的长期稳健发展具有至关重要的意义。

2. 操作步骤

客户流失预测工作的实质在于建立与优化客户流失预测模型。图 2-5 所示为常见的客户流失预测模型的建立与优化流程。

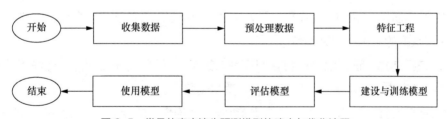

图 2-5　常见的客户流失预测模型的建立与优化流程

（1）收集数据

收集数据是客户流失预测的基础。企业需要收集客户的各种历史数据，包括但不限于客户基本信息、消费行为信息、客户反馈信息等。

（2）预处理数据

收集到的数据往往存在缺失值、异常值等问题，需要进行预处理，以提高数据质量和模型预测效果。预处理包括但不限于以下内容。

① 缺失值处理：采用均值填补、插值法或删除缺失数据等方法处理数据缺失问题。

② 异常值处理：识别并处理数据中的异常值，确保数据的真实性。

③ 数据标准化：对数据进行标准化处理，使不同特征的数据具有统一的量纲，便于模型训练。

（3）特征工程

特征工程是指从原始数据中提取和构建有意义的特征，以提高模型的预测性能。常见的特征包括以下内容。

① 消费频次：客户在一段时间内的购买次数。

② 购买金额：客户在一段时间内的总消费金额。

③ 服务使用时长：客户使用产品或服务的总时长。

④ 活跃度：客户登录和使用产品的频次。

特征工程需要结合业务需求和领域知识，确保所提取的特征能够准确反映客户流失的可能性。

（4）建设与训练模型

在预处理数据和特征工程完成后，企业需要选择合适的机器学习算法，进行模型训练和构建。常用的机器学习算法有以下 3 种。

① 逻辑回归：一种简单且有效的分类算法，适用于二分类问题，如客户是否流失。

② 支持向量机：一种用于分类和回归的监督学习模型，适用于高维数据。

③ 随机森林：一种集成学习方法，通过多个决策树进行分类，提高模型的准确性和稳健性。

在构建客户流失预测模型时，需要注意以下 3 个方面。

① 数据质量：模型的有效性在很大程度上取决于数据的质量。企业在收集数据时，需要确保数据的准确性和完整性。

② 特征选择：选择恰当的特征对模型效果至关重要。一般来说，与客户流失相关的特征包括客户的基本信息、购买行为、消费偏好等。

③ 模型选择：根据数据特性和预测需求，选择合适的模型。常见的模型包括逻辑回归、决策树、随机森林等。

（5）评估模型

在模型训练完成后，企业需要对模型进行评估，以确定最优模型。常用的评估指标包括以下 4 个。

① 准确率：预测正确的样本数占总样本数的比例。

② 精确率：预测为正的样本中实际为正的比例。

③ 召回率：实际为正的样本中被正确预测为正的比例。

④ F1-score：F1-score 是一种用于衡量分类模型性能的指标，它综合了模型的精确度和召回率两个关键指标，为模型评估提供全面的度量标准。

（6）使用模型

模型评估完成后，企业可利用模型对客户流失进行预测。根据预测结果，企业可以提前识别高风险客户，并采取相应的挽回措施。

3. 客户挽回

在识别出潜在流失客户后，企业需要采取针对性的营销策略来挽回客户，进而降低客户流失率。

（1）加强客户关系维系

企业应积极与客户保持联系，定期交流以了解他们的需求和反馈，并迅速响应以解决问题，从而增强客户的满意度。

（2）个性化营销

企业应依据客户的消费行为和偏好，制定个性化的营销方案，精准满足他们的需求。

（3）提供优惠活动

企业可以通过发放优惠券、打折促销等方式，激发客户的购买欲望，进而提升他们的忠诚度。

（4）改进产品和服务

企业应认真倾听客户的反馈，并结合市场动态，不断完善产品和服务，以提升其竞争力和客户体验。

（5）建立客户挽回机制

对于已经流失的客户，企业应建立有效的回流机制，通过电话、电子邮件等方式重新与他们取得联系，探究流失原因，并提供相应的解决方案以重建信任。

 任务总结

AI 在客户开发与维护中扮演着至关重要的角色。通过 AI 驱动的智能分析可以实现实时评分、自动跟踪与互动、自动挖掘等功能，帮助企业更好地理解客户需求和行为，从而制定出更有针对性的营销策略。

【同步实训】

实训　使用 AI 工具制作客户需求调查问卷

1. 实训目的

（1）掌握 AI 工具在生成调查问卷方面的应用。

（2）熟悉调查问卷的格式与内容，具备设置问卷题目的能力。

（3）锻炼分析能力、检索能力和计算机操作能力，培养问题解决能力。

2. 实训背景

张铭是某大学的知名校友，已经毕业 5 年多了。目前，张铭正在开发一款办公软件，需要不同用户群体的需求信息，于是，他想到了设计调查问卷。他将办公软件的开发背景、目的、功能设计、操作系统等内容整理成资料，交给了市场部的工作人员，请他们完成问卷设计工作。

3. 实训要求

认真阅读实训目的与实训背景，发挥主观能动性，完成以下任务。

（1）授课教师将学生分成若干个 3～5 人的小组，每个小组都扮演"实训背景"中市场部的工作人员，负责完成问卷设计工作。

（2）授课教师指定调查问卷设计任务的完成时间。

（3）授课教师组织学生讨论并确定一份统一的办公软件开发背景、目的、功能设计、操作系统等方面的资料，作为问卷设计的背景。

（4）各小组按照授课教师的要求，搜集资料，设计问卷。

（5）授课教师收集各小组的问卷设计结果，并请各小组代表分享设计思路。

（6）授课教师组织学生投票选出调查问卷各模块的最佳题目，将其组合成一份更加完善的调查问卷。

 【拓展延伸】

准客户与现实客户

准客户和现实客户是客户开发与管理中的两个重要概念，它们在客户生命周期中扮演着不同的角色。准客户指的是那些经过市场调研、数据分析或初步接触后被识别为可能具有潜在需求的个体或企业。他们可能对产品或服务表现出兴趣，但尚未进行实际购买或建立商业关系。准客户通常处于客户开发的早期阶段，企业通过各种营销手段和策略来吸引和培育他们，以提高其转化为现实客户的可能性。

与之相对的是现实客户，即已经完成购买或签订合同，与企业建立了实际业务关系的客户。这些客户已经通过实际交易证明了他们的购买意向，并为企业带来了实际的收入和市场反馈。现实客户是衡量企业客户开发成效的重要指标，他们的满意度、忠诚度和消费行为对企业的长期发展至关重要。

准客户和现实客户之间的联系体现在客户开发流程中。准客户是企业努力转化的目标，而现实客户的数量和质量则是衡量客户开发成功与否的标准。通过精准的市场分析和有效的转化策略，企业可以逐步将准客户转化为现实客户，从而实现业务的持续增长。

【项目总结】

本项目的项目总结如图 2-6 所示。

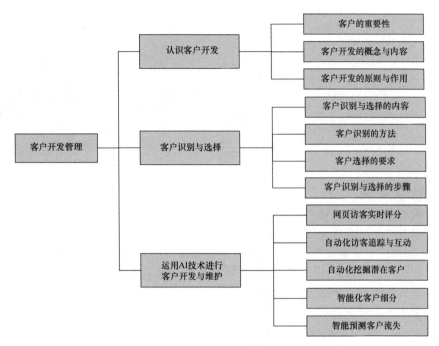

图 2-6　项目总结

课后思考

1. 简述客户开发的原则。

2. 说说客户选择有哪些要求。

3. 你收到过骚扰电话吗？你认为这是自动外呼的结果吗？你觉得如何使用自动外呼技术比较合适？

PART 03

项目三
客户沟通管理

【项目导读】

乐言科技是国内领先的人工智能整体解决方案提供商，长期以来致力于为电商行业提供全链路数智化服务，是阿里巴巴旗下"阿里店小蜜"的战略合作伙伴。

"乐语助人"是乐言科技已上线的电商智能客服系统。自 2023 年开始，乐言科技对其进行了升级。这一年被称为"硅基生命的元年"，ChatGPT 进入大众视野，标志着文本理解和生成技术取得了革命性的突破。

依托多年来在客户服务领域累积的自然语言处理与深度学习经验，乐言科技在这个关键时刻更加深入地拥抱 AI。乐言科技将 GPT 技术融合进"乐语助人"，开放了三大AI 新功能，为每位客户配备了类似 ChatGPT 的智能化生成式 AI 助手，并持续提高其端对端回复的准确率、覆盖率、满意度和导购转化率。这种持续改进确保了客户体验的不断提升。

【学习目标】

知识目标

➢ 理解客户沟通的基本概念和重要性。
➢ 熟悉并理解线下沟通、线上沟通、广告沟通的主要内容。
➢ 熟悉不同的沟通技巧，掌握各类沟通技巧的要点。
➢ 了解常见的 AI 沟通工具。

素养目标

➢ 弘扬爱岗敬业精神，树立正确的客户沟通观念。
➢ 培养创新精神，激发对前沿科学技术的探索欲望。
➢ 具备运用 AI 工具提高沟通质量的意识。

随着全球化浪潮的推进和科学技术的日新月异，企业面临的一大挑战是如何科学、有效地管理和满足来自世界各地消费者的沟通需求。

任务一　认识客户沟通

在当今快速发展的商业环境中，客户沟通已逐渐演变为企业实现持续成功与增长的核心要素。

情景模拟

小明是 GS 公司的客服人员。这天上午，他接到了一位顾客的投诉。这位顾客在网上购买了一双鞋子，但收到货后发现尺码不合脚，想要退货。由于手里还有其他需要处理的投诉，小明按照投诉处理流程将这位顾客放入了等待序列。

等到处理这位顾客的投诉时，小明按照公司的规定，询问了顾客的订单号和退货原因。了解了情况之后，小明立即为顾客办理了退货手续，并简单地向顾客进行了道歉。

然而，这位顾客对小明的道歉并不满意，他认为小明的处理态度敷衍，而且投诉处理过于拖延。他气愤地给公司写了一封差评，并在网上发布了负面评论。

小明的经理看到差评之后，非常生气。他把小明叫到办公室，严厉地批评了他。小明感到非常委屈，他认为自己已经按照公司的规定处理了顾客的投诉，但还是没能得到顾客的满意。

思考：

1. 小明的处理办法似乎合乎公司的流程，为什么客户还是不满意？

2. 仅仅是一个差评，小明的经理为什么这么生气？

3. 假设你是这位顾客，你希望小明如何与你沟通？

先思考以上问题，完成任务一的学习后，再回答以上问题。

一、客户沟通的概念

客户沟通是指企业与客户之间进行的各种形式的交流，包括口头沟通、书面沟通、非语言沟通等。客户沟通涵盖了从客户需求收集、信息传递到问题解决的全过程，是客户服务的重要组成部分。

作为一种专业交流活动，客户沟通涉及个体或企业与客户之间的信息传递、意见交流和情感互动。其核心目的是在理解和尊重客户需求的基础上，通过有效的沟通策略和技巧，建立互信、促进合作，最终实现客户满意和业务增长。

客户沟通不仅限于语言交流，还包括非语言沟通、文字沟通等多种形式。在沟通过程中，沟通者需具备良好的倾听能力、理解能力、表达能力及同理心，以便准确地捕捉客户需求，清晰地传达信息，有效地解决客户问题。

此外，客户沟通还要求沟通者具备一定的专业知识、行业背景和对产品的理解，以便在沟通中提供专业建议和解决方案。同时，沟通者还需具备良好的情绪管理能力，能够在面对挑战和压力时保持冷静和专业。

综上所述，客户沟通是一种综合运用语言和非语言技巧、专业知识与同理心，旨在实现客户满意和业务成功的专业交流活动。

二、客户沟通的重要性

客户沟通不仅是客户服务流程的一部分，也是企业与客户建立信任、理解需求和提升满意度的桥梁。客户沟通的重要性主要体现在以下 5 个方面。

1. 提升客户满意度

客户沟通的主要目标之一是提升客户满意度。高效的沟通能够及时又准确地回应客户的需求和疑问，减少客户的困惑和不满，从而增强客户对企业的信任感和满意度。无论是产品咨询、售后服务，还是投诉处理，迅速、准确地沟通都是关键。客户感受到被重视和关怀，自然会对企业更加认可。

2. 提升客户忠诚度

客户满意度是客户忠诚度的基础，满意的客户更有可能成为企业的忠实客户。持续的优质沟通可以潜移默化地提升企业在客户心中的形象，使他们愿意多次购买，并积极向他人推荐企业的产品和服务。同时，通过沟通，企业能够更加细致地了解客户的偏好和需求，为其提供个性化的解决方案，进一步增强客户黏性。

3. 促进销售和市场推广

客户沟通在促进销售和市场推广方面发挥着重要作用。通过有效的沟通，企业可以传递产品和服务的价值，影响客户的购买决策。营销人员通过与客户的互动，能够更好地了解客户需求，制定有针对性的营销策略，提高销售转化率。此外，客户的反馈和建议也是企业改进产品和服务的重要依据，有助于企业在市场上保持竞争优势。

4. 提升企业形象和声誉

良好的客户沟通有助于塑造和提升企业的形象和声誉。通过透明、诚实和专业的沟通，企业能够增强客户的信任感，树立负责任和值得信赖的品牌形象。及时、有效地处理客户投诉和问题，不仅能够化解客户的不满，还能提升客户对企业的整体评价，进一步巩固企业在市场上的声誉。

5. 促进内部协调和改进

客户沟通不仅仅是外部交流的一部分，它也促进了企业内部的协调和改进。通过客户反馈，企业可以识别内部流程和服务中的不足之处，及时进行调整和优化。各部门之间的协作也会因此得到加强，共同致力于提升客户体验和服务质量。这种内部的协调和改进有助于企业整体运营效率和服务水平的提高。

总之，客户沟通在客户服务中是非常重要的一环。企业应当重视客户沟通管理，通过建立有效的沟通机制，不断提高沟通的质量，以实现企业的长期发展目标。

三、客户沟通的原则

掌握正确的沟通原则，对于提升沟通质量具有至关重要的作用。企业一般需要遵守以下 8 个客户沟通的基本原则。

1. 及时回应，高效处理——及时性原则

及时性原则是客户沟通中的首要准则。在当今这个信息爆炸、节奏快速的时代，客户对服务响应的速度要求越来越高。无论是客户的咨询、反馈还是投诉，企业都必须迅速作出回应，第一时间与客户建立联系，并尽快给出解决方案。

实践中，企业可以通过建立多渠道的客户服务系统，如电话、电子邮件、社交媒体和即时通信工具，确保客户的任何联系都能得到及时的回应。此外，对于常见问题，企业还可以通过建立"常见问题解答"（frequently-asked questions，FAQ）系统，或者建立基于 AI 技术驱动的智能服务平台，让客户能够快速找到解决问题的方法。

2. 坦诚相待，建立信任——诚实性原则

诚实性原则是客户沟通中不可或缺的一环。企业与客户交流时，应坚持诚实性原则，为客户提供真实、准确的信息。无论是产品介绍、服务说明，还是对问题的解答，都应坦诚相待，不夸大其词，不隐瞒真相。这种诚实的态度有助于树立企业的可靠形象，让客户感受到企业的真诚与专业，进而增强对企业的信赖感。

3. 尊重客户，倾听需求——尊重性原则

尊重性原则是客户沟通中的重要基础。尊重是有效沟通的前提，每个客户都是独一无二的个体，他们的意见和需求都值得被尊重和重视。在沟通过程中，企业应保持谦逊和尊重的态度，认真聆听客户的诉求，避免以自我为中心或轻视客户的观点。

在实际操作中，企业应培训员工掌握基本的沟通礼仪，如使用敬语、避免打断客户讲话、保持耐心等，确保每一次沟通都能让客户感受到被重视和尊重。通过尊重客户，企业不仅能够更好地理解客户的需求，还能赢得客户的尊重和好感。

4. 清晰表达，避免误解——清晰性原则

清晰性原则对于确保沟通的有效性至关重要。在与客户交流时，企业必须确保信息的清晰度和准确性。无论是口头表达还是书面沟通，都应使用简洁明了的语言，避免使用过于复杂或专业的术语。对于复杂的问题或解决方案，企业可以通过图表、示例或故事等形式，帮助客户更好地理解。同时，企业还应注意信息的完整性和逻辑性，确保客户能够准确理解并接收所传递的信息。

5. 了解偏好，专属定制——个性化原则

个性化原则是现代客户服务的重要趋势。在与客户沟通时，企业应深入了解客户的个性化需求和偏好，提供量身定制的服务方案。通过个性化的沟通方式和服务内容，企业能够更好地满足客户的期望和需求，提升客户的满意度和忠诚度。

6. 保持一致，维护信任——一致性原则

一致性原则是维护客户信任的关键。企业在与客户沟通时，必须确保信息的连贯性和一致性。不同部门或人员之间应保持紧密的协作和沟通，确保传递给客户的信息是统一和准确的。这要求企业内部建立有效的沟通和信息共享机制，确保所有员工对客户承诺和企业政策有清晰的认识和理解。一致性沟通能够避免客户产生混淆与误解，使企业在客户群体中树立专业、负责、高效的形象。

7. 积极响应，主动沟通——积极性原则

积极性原则是提高客户服务质量的重要动力。在与客户沟通时，企业应展现出积极解决问题的态度和精神。面对客户的问题或投诉，企业应主动承担责任，积极寻找解决方案，并及时给予客户明确的反馈。积极的沟通态度不仅能够有效解决问题，还能向客户展示企业的责任感和专业性，提升客户的满意度和忠诚度。

8. 持续沟通，长期合作——持续性原则

持续性原则是建立和维持长期客户关系的基础。建立和维护客户关系是一个持续的过程，不应仅限于交易完成或问题解决后。企业应通过定期的沟通，如发送服务更新通知、节日祝福、满意度调查等，与客户保持联系，了解他们的最新需求和反馈，不断优化服务，提升客户体验。

以上原则不仅体现了企业对客户的尊重和关怀，还展现了企业的专业素养和服务精神。企业在发展过程中，应不断深化对这些原则的理解和应用，不断创新和优化客户服务模式，为客户创造更大的价值并推动企业持续成长。

> **课堂互动：**
>
> 一个客户通过售后渠道投诉了他购买的产品存在质量问题，并且没有得到满意的售后服务。他情绪激动，对企业的服务非常不满。假设你是负责解决此事件的客服人员，结合客户沟通的原则，思考如何为这个客户进行服务。

四、AI 时代客户沟通的新要求

随着 AI 技术的兴起和 AI 时代的逐渐到来，客户沟通经历了一系列新变化。从客户沟通的原则层面来看，客户沟通被赋予了更多要求。

1. 实时性和个性化的结合

AI 技术的应用使得企业能够提供更加实时、个性化的客户服务。通过智能聊天机器人、自动化响应系统等，企业可以实现全天候的客户服务。同时，利用大数据和机器学习等技术，企业可以根据客户的历史行为和偏好提供个性化的服务和建议。

2. 数据安全和隐私保护

随着 AI 技术的广泛应用，企业在处理大量客户数据时，必须严格遵守数据保护方

面的法律法规，保护客户数据的安全，保障客户的隐私。

3. 多渠道融合信息

随着时代发展，客户与企业沟通的渠道呈现多样化的特点。智能客服、社交媒体、即时通信工具等沟通渠道逐渐成为主流。企业需要借助 AI 技术，有效地整合多样化的沟通渠道，这样不仅有利于企业掌握更多的客户资料、获得更多的数据样本，还有利于拉近与客户的距离。

4. 预测性服务

随着 AI 技术的发展和多渠道融合信息的实现，企业可以利用更加全面的资料对客户需求进行预测，更加主动地为客户提供解决方案或服务。

> **课堂互动：**
>
> 通过本任务的学习，你对 AI 时代的客户沟通有哪些新想法？AI 时代客户沟通的新要求是否会对客户沟通的传统原则产生影响？如果有，具体是哪些方面的影响？

任务总结

客户沟通不仅涵盖了口头、书面和非语言等多种形式的交流，还涉及信息传递、意见交流和情感互动等复杂的专业活动。有效的客户沟通是企业与客户建立信任、理解需求和提升满意度的桥梁，它直接影响企业的形象、声誉和市场竞争力。通过坚持必要的沟通原则，企业能够提升客户满意度和忠诚度，促进销售，推动市场推广，并增强内部协调与改进。

在 AI 时代，客户沟通面临着新的要求。AI 技术的广泛应用不仅提高了客户服务的效率和质量，还带来了数据处理和隐私保护的新挑战。因此，企业必须在技术应用与道德规范之间找到平衡，以实现客户满意和业务成功的双重目标。

任务二　了解沟通方式与技巧

在客户服务中，不同的沟通方式与技巧适用于不同的场景和客户群体。有效地选择和运用这些沟通方式与技巧，能够提高客户服务质量。

情景模拟

某天下午，GS 公司的客服专员李明拜访了退休教师张奶奶，帮助她解决新款智能手表的使用问题。李明表现得非常有耐心且仔细，他用简明的语言指导张奶奶完成了各项设置，并及时解答了张奶奶的各种疑惑，与张奶奶建立了良好的信任关系。

拜访快结束时，李明考虑到张奶奶后续可能还会遇到操作问题，便提议添加微信好友，以备不时之需。添加好友后，李明主动给张奶奶发送了图文并茂的使用手册，并告知她，有任何问题都可以随时通过微信询问。此外，李明还邀请张奶奶加入公司为客户设立的专属微信群，群里有专业人士定期分享产品使用技巧和解答疑问，同时也是一个用户交流的平台，这让张奶奶感受到了归属感。

为了更好地服务像张奶奶这样的老年客户群体，GS 公司还特别制作了一则温馨的广告短片，并通过本地电视台和老年人常用的社交媒体平台进行投放。短片以"科技让生活更美好，我们始终在您身边"为主题，展示了智能设备如何帮助老年人便捷生活，传递了品牌的人文关怀。同时，GS 公司利用大数据分析，针对张奶奶这类用户的浏览习惯，推送定制化内容。这不仅加深了品牌印象，还让张奶奶感受到了公司对客户的重视。

思考：

1. 上述情景中，李明使用了哪些沟通方式？你还能想到哪些沟通方式？
2. 上述情景中，李明使用了哪些沟通技巧？你还能想到哪些沟通技巧？
3. 假如你是李明，进行这次拜访前，你会做哪些准备？

先思考以上问题，完成任务二的学习后，再回答以上问题。

一、了解沟通方式

1. 线下沟通方式

（1）线下沟通的概念

线下沟通，即通过面对面的交流方式与客户进行互动。这种传统的沟通手段在数字化时代依然具有不可替代的价值。它不仅是信息传递的过程，更是交流情感、建立信任和深入理解客户需求的重要途径。

（2）线下沟通的形式

线下沟通主要包括口头沟通、书面沟通和非语言沟通等形式。虽然口头沟通是线下沟通的主要形式，但书面沟通和非语言沟通也扮演着重要角色。书面材料，如提案、报告等，能够为客户提供更详细的信息，展现企业的专业性和严谨性。而非语言沟通，如肢体语言和面部表情，则在传递情感和态度方面发挥着关键作用。

（3）线下沟通的优势

① 无可比拟的直接性。线下沟通的直接性是无可比拟的。在数字化的交流方式中，信息可能会因技术问题或表达方式的限制而失真。然而，在线下沟通中，客服人员的口头语言、肢体语言、面部表情及声音的细微变化，都能被对方即时捕捉，从而更准确地理解彼此的意图和情感。

② 高效传递情感价值。线下沟通的另一大优势在于能够高效地传递情感价值。在商业交往中，情感的作用不容忽视。一个真诚的微笑、一个关切的眼神，都能让客户感受到被尊重和重视。这种情感的交流有助于拉近双方的距离，建立更为紧密的关系。

2. 线上沟通方式

（1）线上沟通的概念

当人们描述与数字技术、互联网技术等相关的事物时，常常提到"线上"的概念。

从传统意义上来讲，线上沟通是与线下沟通相对的，例如面对面沟通属于线下沟通，电话沟通属于线上沟通。但随着时代的发展，线上沟通一般指通过互联网和数字化平台进行的沟通方式，它已成为现代企业与客户之间交流的重要手段。

（2）线上沟通的形式

随着互联网技术的迅速发展，线上沟通逐渐成为现代企业与客户之间交流的重要方式。这种转变不仅提高了企业与客户之间的信息传递效率，还显著提高了服务质量，进一步巩固了客户忠诚度。线上沟通主要包括5种形式，具体如表3-1所示。

表3-1　线上沟通的形式

序号	沟通方式	详细说明
1	电话/网络电话沟通	（1）电话沟通是一种传统的线上沟通方式，但仍然被广泛应用于客户服务领域。在电话沟通中，双方可以直接对话，这有助于企业迅速捕捉客户的需求和反馈，进而提供个性化的解决方案。 （2）随着科技的进步，尤其是智能手机的发展，电话沟通的方式和意义得到了极大的扩展。智能手机不再仅仅是传统语音通话的载体，微信等应用的兴起让电话沟通的模式变得更加多样化。这些应用不仅支持语音通话，还提供了视频通话功能，使沟通更加生动和直观
2	电子邮件沟通	（1）在商务沟通中，电子邮件不仅能够确保信息的完整性和准确性，还能作为双方交流的正式记录。 （2）通过电子邮件，企业可以定期发送产品更新信息、服务改进通知或促销活动详情，从而保持与客户的长期联系。 （3）电子邮件的存档功能为企业后续的客户服务和数据分析提供了便利
3	即时通信软件沟通	（1）微信、QQ等即时通信软件提供了文字、语音、图片甚至视频等多种交流方式，极大地丰富了沟通的内容和形式。 （2）这些软件平台支持群组功能，便于企业组织客户培训、产品推广等活动，从而加深与客户的联系
4	社交平台沟通	（1）通过微博、抖音等社交平台，企业可以实时发布最新的产品信息、市场动态，同时还能及时回应客户的反馈和投诉。 （2）社交媒体的即时性和互动性不仅提升了企业的市场敏感度，还加强了与客户的情感连接。通过精心策划的社交媒体营销活动，企业能够有效地扩大品牌影响力，吸引更多潜在客户
5	客服平台沟通	（1）通过专门的客服平台，如企业官方网站的在线客服系统或专用客服App，企业可以提供全天候的客户支持和服务。 （2）随着AI技术的发展，越来越多的企业引入了智能客服系统，这类系统通常包含语音助手、聊天助手等AI工具，能够为客户提供自动化、智能化的全天候服务

📖课堂互动：

　　网络购物已经成为人们主要的购物方式。回想自己网络购物的经历，思考从最开始接触网络购物到现在，各购物平台的客户沟通情况发生了哪些变化。

3. 广告沟通方式

广告沟通是一种极为重要的客户沟通方式，它通过各种广告媒介向公众传递信息、塑造品牌形象，进而影响客户的认知和购买决策。广告沟通不仅包括传统的电视、广播和平面广告，还涵盖了网络广告、社交媒体广告等新兴形式。表 3-2 所示为广告沟通的 4 个关键要素及其实践建议。

表3-2　广告沟通的 4 个关键要素及其实践建议

序号	沟通方式	实践建议
1	内容创意	（1）一个创意十足、引人入胜的广告内容能够吸引客户的注意力，激发他们的兴趣和好奇心。 （2）企业应投入资源进行市场研究，了解目标客户的需求和偏好，从而创作出贴近客户心理、符合市场趋势的广告内容
2	媒介选择	企业应根据产品特性、目标客户群体及预算等因素，综合考虑选择最有效的广告媒介
3	互动性与个性化	（1）社交媒体平台的兴起为企业提供了与客户直接互动的机会，企业可以通过回应评论、直播、举办线上活动等方式，增加与客户的互动，提升品牌的活跃度和亲和力。 （2）利用大数据和人工智能技术，企业可以实现广告内容的个性化定制，根据目标客户的行为和偏好推送相关广告，提升广告的效果
4	持续性与一致性	（1）广告沟通应该是一个持续、一致的过程。企业应定期推出新的广告活动，保持品牌形象的新鲜感和活力。 （2）所有的广告内容和形式都应保持一致性，传递相同的品牌价值和信息，以增强品牌辨识度，加深品牌在客户中的印象

广告沟通不仅是企业与客户之间的信息交流，还是一场关于品牌、关于情感、关于信任的深层次对话。它通过创意的内容、合理的媒介选择、互动性和个性化的策略，以及持续性与一致性的执行，有效地传递品牌信息，塑造品牌形象，引导客户行为。

课堂互动：

回想自己收到广告推送的经历，你认为推送方与你建立了有效的沟通吗？如果没有，你认为推送方应该从哪些方面进行广告推送的优化？

二、掌握沟通技巧

客户沟通不仅仅是传递信息，还涉及理解客户的需求，感受客户的情感，并提供恰当的回应。要实现客户沟通目标，掌握沟通技巧是关键。

1. 选择合适的语言

在与客户沟通的过程中，选择合适的语言是实现有效沟通的首要任务。

由于客户群体具有多样性，他们的语言习惯和偏好也各不相同。选择合适的语言不仅包括选择恰当的语种（如汉语、英语），还包括选择适合的语言风格。对于企业中的客服人员而言，洞察并满足客户的个性化需求，选用合适的语言进行沟通是十分重要的。选择合适的语言包含以下 4 个要点。

（1）简明扼要

语言的简明扼要是沟通的基础。在与客户进行对话时，客服人员应避免冗长和复杂的语句，尽量使用简洁明了的语句进行表达。这不仅有助于客户迅速理解核心信息，还能提高沟通的效率和准确性。同时，为了避免造成理解障碍，客服人员应慎用专业术语，或者在必要时对相关术语进行解释，确保信息的顺畅传递。

（2）礼貌友好

礼貌和友好也是不容忽视的方面。无论客户表现出何种态度，客服人员都应保持平和、友善的语气，展现出良好的职业素养。使用"请""谢谢"等礼貌用语不仅能够表达对客户的尊重，还能营造和谐的沟通氛围，从而提升客户满意度。

（3）体现个性

个性化的语言运用也是提升沟通效果的关键。客服人员应根据客户的年龄、性别、文化背景等特征，灵活调整自己的语言风格。例如，面对年长的客户，客服人员可以采用更为正式和稳重的语言表达，以示尊重；而在与年轻客户交流时，则可以适时融入一些流行语汇和幽默元素，拉近与客户的心理距离。

（4）尊重文化

文化敏感性在跨文化沟通中尤为重要。客服人员应深入了解并尊重客户的文化习俗和价值观，避免使用可能引发误解或冲突的语言和表达方式。通过提高自身的文化修养和跨文化沟通能力，客服人员可以更加自信、从容地应对不同文化背景下的客户沟通挑战，从而为企业赢得更广泛的市场认可。

📢 **课堂互动：**

你是否有用外语与国内客服人员沟通的经历？是否有与国外客服人员沟通的经历？当时对方的客服人员是如何反应的？

---

2. 进行细致的倾听

在客户服务过程中，细致的倾听不仅是一种基本技能，还是理解客户需求、解决问题并最终实现客户服务目标的关键。有效的倾听能够帮助客服人员深入理解客户的真实需求，从而提供更加精准和个性化的服务或产品。要进行细致的倾听，客服人员应注意践行以下5个要点。

（1）专注聆听

专注聆听要求客服人员在与客户交流时，全心全意地投入对方的话语中，避免打断。这既包括避免物理上的干扰（如关闭或静音通信设备、减少周围的噪声等），又包括心理上的准备，即将所有注意力集中在客户的话语和情感表达上。

若是面对面沟通，还可以通过肢体语言（如点头、眼神交流等）向客户传达出真正的关注和理解。此外，还要对客户非语言信号（如面部表情、手势和姿态等）进行观察和解读，这些都能提供对客户情绪和需求的额外线索。

（2）记录要点

在与客户沟通的过程中，及时记录下对话中的关键点和要点至关重要。这不仅有助于确保服务或销售过程中的信息准确性，还展现了对客户需求的重视。记录的方式可以多样，包括手写笔记、电子记录或使用专业的客户关系管理系统。重要的是，记录应当尽可能详细且简洁，便于后续回顾和分析。

（3）反馈确认

在客户表达完毕后，通过简洁明了的语言对所听到的内容进行概括和反馈，是确保信息准确传达的有效方式。这种方式不仅可以避免误解，还能增强双方的互动性，让客户感受到被理解和尊重。反馈时，应使用开放式问题来鼓励客户提供更多信息，同时避免使用带有假设性或引导性的语言，以免影响客户的真实回答。

（4）观察非语言信号

非语言信号包括客户的语气、语速、音调及情感变化，是理解客户真实需求和情感的重要途径。服务人员需要培养对这些非语言信号的敏感性和解读能力，以便更全面地理解客户的意图和感受。例如，客户的迟疑可能暗示对某个方案的不确定或担忧，而较快的语速可能表达了急迫的需求或焦虑的情绪。

（5）避免成见和偏见

在倾听过程中，保持开放和中立的心态至关重要。客服人员应避免让个人的成见、偏见或先入为主的观念影响到对客户话语的理解和判断。这要求客服人员在倾听时，暂时搁置自己的观点和评价，真正从客户的角度出发，理解其需求和期望。同时，客服人员应该培养自我反思的能力，时刻警惕和纠正自身可能存在的偏见。

3. 实施有效的回应

在与客户沟通过程中，有效的回应不仅可以体现出对客户的尊重，还可以展现出客服人员的专业素养。实施有效的回应不仅需要客服人员迅速、准确地理解客户的需求和问题，还要求所给出的回应是有针对性的，能够真正地解决客户面临的问题。要实施有效的回应，客服人员应注意以下 4 个要点。

（1）及时快速回应

在客户提出需求或问题后，客服人员应当迅速做出反应。这种迅速的反应不仅能够减少客户的等待时间，还能够显著提升客户对服务品质的满意度。事实上，客户对服务的满意度与服务响应时间成反比，即响应时间越短，客户的满意度越高。因此，建立一个高效的客户服务回应系统，确保每一位客户的需求都能在最短的时间内得到回应，是提升客户满意度的关键。

（2）具体详细回应

在回应客户时，客服人员应提供具体、详细的解决方案。客服人员应避免使用模糊不清的语言，尽可能为客户提供明确的步骤、操作指南或解决方案。例如，不仅告诉客户问题将被解决，还要说明将采取哪些具体措施、预计需要多长时间，以及客户在此过程中需要提供哪些协助。这种具体详细的回应方式、能够使客户对解决方案有一个清晰的认识，增加其对解决问题的信心。

（3）展现同理心与关怀

在回应客户时，表达同理心和关怀是非常重要的。客服人员在回应过程中，应当从客户的角度出发，理解他们的感受和困扰，并在语言中体现出对客户情感的理解和支持。例如，通过使用"我理解您现在的感受，这确实是一个令人困扰的问题，我们会尽快为您解决"等礼貌、恰当的表达方式，不仅能够让客户感受到企业的关怀，还能够在情感层面上与客户建立连接。

（4）持续跟进

解决客户问题之后，进行有效的跟进反馈可以增强客户黏性。客服人员应定期与客户联系，了解他们对解决方案的满意度以及是否有进一步的需求或建议。这种持续的沟通不仅有助于及时发现并解决新的问题，还能够使客户感受到企业对他们的持续关注，从而加深客户的忠诚度。此外，客户的反馈也是企业持续改进服务流程和提高服务质量的宝贵资源。

课堂互动：

如果你是客服经理，正要与一名重要的外国客户进行视频会议，你需要在会议结束后尽快提交会议报告，你会如何做会议记录？你会考虑使用工具吗？会考虑使用哪些工具？

任务总结

有效的客户沟通建立在深入理解客户需求和情感的基础之上。深入理解和掌握各种沟通方式，合理运用各种沟通技巧，可以提升沟通效果，赢得客户的满意与忠诚，从而为企业创造更大的价值。

任务三　使用 AI 工具提高沟通质量

随着 AI 技术的不断发展，越来越多的 AI 工具被应用于客户服务领域。这些工具不仅提高了沟通的效率，还有效地降低了沟通成本。学会选择和使用恰当的 AI 工具，也是客户沟通中的一项重要技能。

情景模拟

这天，张先生接到了一通电话，提醒他购买的 GS 公司智能家居设备已经到达。直到电话中的女声指导他通过键盘按键进行后续服务时，张先生才反应过来，这温柔的女声竟是 AI 机器人。这让张先生感叹科技进步的速度实在太快了。

设备到达后，张先生充满期待。由于刚回国不久，他更习惯用英文交流，于是通过设备包装找到了 GS 公司的在线客服页面。进入页面后，一个名为"智慧小助"的 AI 聊天助手用英文回复了他用英文发出的问候，并提供了他所购买设备的快速入门指南，这让张先生十分惊喜。继续了解时，张先生提出了智能家居设备的联动设置问题。"智慧小助"不仅文字回复迅速，还贴心地发送了操作视频。最后，张先生问了一个复杂的技术问题，"智慧小助"很快提示人工服务已经准备就绪。张先生切换后，问题迅速得到了解决。

在一个遥远的办公室里，客服人员小李正在对接张先生的售后咨询。他已经通过公司的智能客服系统提前了解到张先生所购买的设备型号，甚至知道张先生更擅长用英文交流。于是，小李使用了 GS 公司专为客服人员打造的 AI 提效工具包，该工具包包含了知识检索、音频文本互转、实时翻译等功能。在工具包的帮助下，小李很快解决了张先生的问题，并收获了张先生的好评。

思考：

1. 为什么"智慧小助"不继续为张先生服务而是提醒切换人工服务？

2. 在上述情境中，出现了哪些 AI 工具？你还知道哪些 AI 工具可以被应用在上述情景？

3. 假设你是张先生，你更希望体验 AI 助手的服务还是人工服务？

先思考以上问题，完成任务三的学习后，再回答以上问题。

一、使用 AI 语音助手自动回复

1. AI 语音助手简介

AI 语音助手是运用自然语言处理、自动语音识别（Automatic Speech Recognition，ASR）和语音合成（Text To Speech，TTS）等人工智能技术构建的智能系统。AI 语音助手往往集成于企业的智能客服系统中，能理解人类语音输入，高效处理客户请求或问题，并以自然语言形式流畅回应。

AI 语音助手在众多行业和领域均有广泛应用。在电商服务领域，它可以为客户提供个性化的账户信息查询、订单状态更新等服务；在交通服务领域，如铁路、航空等，AI 语音助手可协助进行票务查询、预订和退改签；此外，它还广泛应用于金融服务、医疗咨询、教育辅助等领域。通过智能化自动应答，AI 语音助手大幅提高了服务效率，全面优化了客户体验。

图 3-1 所示为某 AI 语音助手定制的全链路对话技术。图 3-2 所示为某 AI 语音助手的智能外呼自动化链路。

图 3-1　某 AI 语音助手定制的全链路对话技术

图 3-2　某 AI 语音助手的智能外呼自动化链路

2. AI 语音助手的优势

AI 语音助手作为一种先进的 AI 工具，在客户沟通领域具有显著优势，能够发挥重要作用。

（1）它能显著提高响应速度和服务效率。AI 语音助手能够实现全天候无间断服务，迅速响应客户的查询和需求，从而极大地提高了服务效率。这意味着无论何时，客户都能获得及时的反馈和帮助，进而提升客户满意度。

（2）它能大量减轻人工客服的工作负担。通过自动化处理大量常见和重复性的查询，AI 语音助手可以有效缓解人工客服的工作压力，使他们能够专注于处理更复杂和需要个性化处理的问题。这不仅提高了工作效率，还提升了服务质量。

图 3-3 所示为某 AI 语音助手服务与人工服务的对比。

	外呼人工坐席		外呼机器人
	200~300通	日呼叫量	>3000通
	8小时/天，节假日休息	工作时间	全天候7×24×365天
	多种因素影响，情绪波动较大	工作状态	情绪稳定，冷静客观
	内容缺失，记录耗时	数据统计	内容全面，记录高效
	易撞单，跟进难，伴随投诉风险	客户跟进	话术规范，分类标准，跟进及时
	薪资福利+办公场地	运营成本	轻松定制+整体升级

图 3-3　某 AI 语音助手服务与人工服务的对比

3. 正确使用 AI 语音助手

AI 语音助手虽然是一种高效的客户沟通工具，但要使其作用最大化，还需要企业与客服人员共同努力，正确地训练和使用它。

（1）持续训练迭代。企业需要深入分析和理解客户的需求，以设计和训练 AI 语音助手。企业应不断丰富和完善客户数据库与沟通知识库，确保 AI 语音助手能够即时访问并检索到最新、最相关的信息，以回应客户的咨询。

（2）加强人机协作。AI 语音助手在处理常见和简单的查询时表现出色，能够提供快速的自动响应。然而，对于复杂或特殊的情况，AI 语音助手应当智能地识别并及时将业务转接给人工客服。人机协作是当前使用 AI 工具的主流方式。虽然 AI 工具在处理速度、效率等方面具有巨大优势，但情感价值、个性化关怀仍是人工客服的显著优势。

> 课堂互动：
>
> 尽管 AI 语音助手提高了客户沟通的效率，但许多人仍然更倾向接受人工服务而不是 AI 语音助手的服务。思考这是为什么。

二、使用 AI 聊天助手智能交流

1. AI 聊天助手简介

AI 聊天助手又称聊天机器人，是一种基于人工智能技术，特别是自然语言处理和机器学习技术构建的系统。AI 聊天助手往往集成于企业的智能客服系统中，能够模拟人类的交流方式，通过文本或语音与客户进行互动，理解客户的意图，并提供相应的服务或信息。AI 聊天助手能够在多个平台上运行，包括网站、社交媒体平台、移动应用等，为客户提供全天候的服务。

　　图 3-4 所示为某 AI 聊天助手的简介，图 3-5 和图 3-6 所示为某 AI 聊天助手的部分功能介绍。

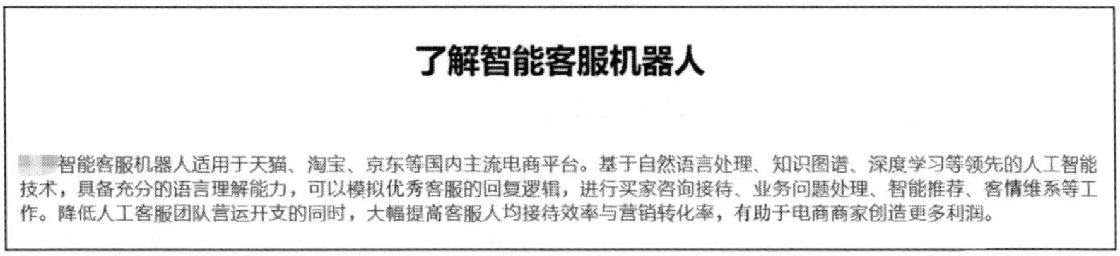

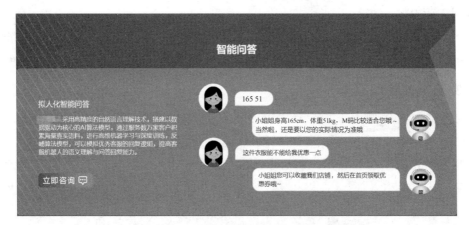

图 3-4　某 AI 聊天助手的简介

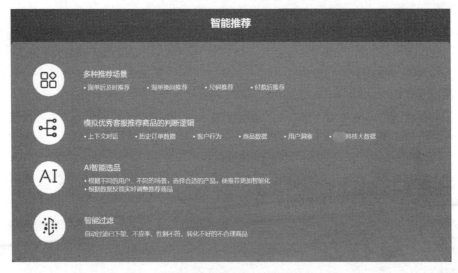

图 3-5　某 AI 聊天助手的智能问答功能介绍

图 3-6　某 AI 聊天助手的智能推荐功能介绍

2．AI 聊天助手的优势

与 AI 语音助手类似，AI 聊天助手能够提供即时响应，满足客户对快速解答的需求；能够处理大量的查询请求，减轻了客服人员的工作负担，使他们能够专注于处理更复杂的问题。除此之外，AI 聊天助手还具备以下 3 种独特优势。

（1）交流内容更加丰富直观。与 AI 语音助手通过语音沟通相比，AI 聊天助手通过文字、图片、表情等内容与客户进行沟通，提供了更加丰富和灵活的交流方式。这种多样化的沟通手段不仅能够满足不同客户的偏好，还使得交流内容更加直观和易于理解。例如，当向客户解释复杂的服务流程或说明产品详情时，AI 聊天助手可以通过发送图表、图片或视频来辅助说明，使信息传递更加清晰明了。

（2）支持多语言交流。对于 AI 工具来说，用文本输出多国语言并不困难，但通过语音输出多国语言，抑或是我国的多种方言，却相对复杂。这是 AI 聊天助手区别于 AI 语音助手的独特优势之一。AI 聊天助手支持多语言交流，能够打破语言障碍，为全球客户提供无缝的服务体验。

（3）便于保存交流资料。AI 聊天助手所依赖的基于文本的交流方式有利于记录和回顾沟通内容，客户和客服人员都能够轻松查阅历史对话，从而有效提高问题解决的效率。

3．正确使用 AI 聊天助手

为了最大化 AI 聊天助手在客户沟通中的效用，企业需要注意以下 3 点。

（1）精确定位客户需求。在创建和训练 AI 聊天助手的过程中，企业要持续、大量地分析客户的常见问题和需求，精心设计聊天助手的对话流程，确保其能够有效解答客户的查询。

（2）融合人工与机器的优势。与使用 AI 语音助手类似，在使用 AI 聊天助手时，企业要做好人机协作，在必要时，平滑地将客户从 AI 聊天助手转接到人工客服，确保客户问题得到妥善解决。

（3）注重隐私与安全。在 AI 聊天助手的创建与训练阶段，由于需要大量使用客户数据，企业应严格遵守数据保护法规，确保客户信息安全和隐私不受侵犯。

 课堂互动：

在你的网络购物经历中，有多少店铺使用了 AI 聊天助手？这些 AI 聊天助手能否满足你的需求？

三、使用 AI 翻译工具理解需求

AI 翻译工具是一种利用机器翻译技术，帮助客服人员理解和处理多语言沟通需求的工具。它能够自动识别和翻译不同语言的文本，帮助客服人员跨越语言障碍，准确理解客户的需求和反馈。

1. 常见的 AI 翻译工具

随着 AI 技术的发展，许多传统的 AI 翻译工具融入了 AI 技术，如百度翻译、有道翻译等。图 3-7 和图 3-8 所示分别为百度翻译与有道翻译的 AI 翻译模式。

图 3-7　百度翻译（AI 大模型翻译模式）

图 3-8　有道翻译（AI 翻译模式）

此外，常见的大语言模型也具备翻译功能，且这些模型支持通过输入提示词（Prompt）调整回答风格，这相当于支持使用者提前设置好翻译风格。图 3-9 至图 3-11 所示分别为使用 DeepSeek、文心一言、智谱清言进行翻译。

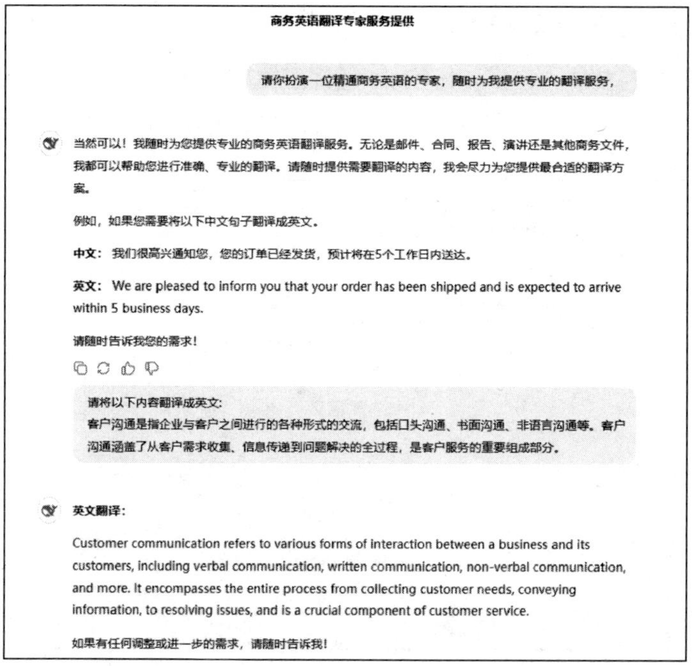

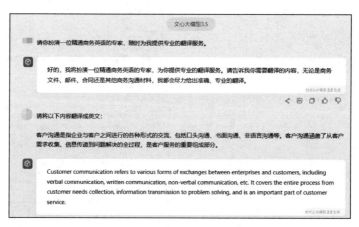

图 3-9　使用 DeepSeek 进行翻译

图 3-10　使用文心一言进行翻译

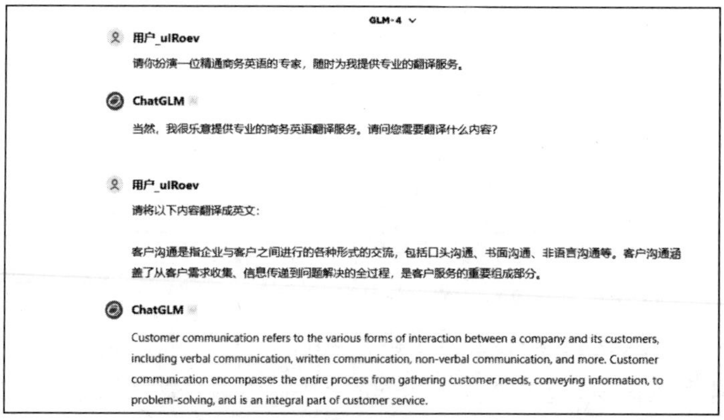

图 3-11　使用智谱清言 ChatGLM 进行翻译

　　此外，许多 AI 大模型支持自建或搜索智能体。所谓智能体，就是官方或用户在大模型平台上通过一系列规则设置好的"客制化"工具，其中也包括翻译工具。图 3-12 和图 3-13 所示分别为智谱清言与讯飞星火平台上能实现翻译功能的智能体中心。

图 3-12　智谱清言智能体中心

图 3-13　讯飞星火智能体中心

2. AI 翻译工具的优势

与传统的翻译工具相比，AI 翻译工具具有以下优势。

（1）更高的翻译准确性

传统的翻译工具主要依靠人工翻译或基于规则的机器翻译，翻译准确性往往难以保证。而 AI 翻译工具则利用深度学习技术，从大量语料库中学习翻译规则，并不断优化翻译模型，从而显著提升翻译准确性。

（2）更强的语言理解能力

传统的翻译工具往往只关注词语层面的翻译，而忽视了句子或段落的语义理解。而 AI 翻译工具能够利用自然语言处理技术，理解句子或段落的语义，并根据语义进行翻译，使翻译结果更加自然流畅，更符合目标语言的表达习惯。

（3）更丰富的翻译功能

传统的翻译工具往往只提供基本的翻译功能，如文本翻译、语音翻译等。而 AI 翻译工具提供了多元化的翻译功能，如多语种翻译、专业翻译、文稿翻译、实时翻译等，能够满足不同用户的多样化翻译需求。

（4）更便捷的翻译方式

传统的翻译工具往往需要用户手动输入文本或语音进行翻译。而 AI 翻译工具支持语音输入翻译、图片识别翻译、文档识别翻译等多种翻译方式，更加便捷易用。

（5）更低的使用成本

传统的翻译工具，特别是人工翻译，往往需要支付高昂的费用。而 AI 翻译工具，特别是基于云服务的翻译工具，往往采用按需付费的模式，使用成本更低。

总之，AI 翻译工具为用户提供了更加准确、流畅、便捷且功能丰富的翻译体验，是传统翻译工具的有力补充。随着人工智能技术的不断发展，AI 翻译工具将变得更加智能化，在客户沟通中发挥越来越重要的作用。图 3-14 所示为传统翻译工具与 AI 翻译工具的翻译效果对比。

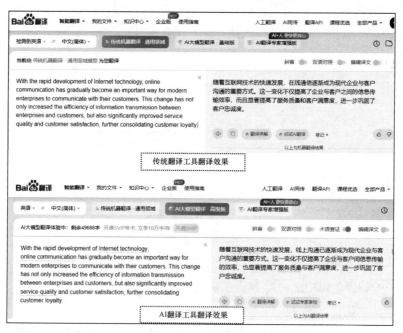

图 3-14 传统翻译工具与 AI 翻译工具的翻译效果对比

任务总结

随着 AI 技术的发展，AI 工具在客户沟通领域得到了广泛应用。这些 AI 工具不仅能够显著提高客户沟通的速度和质量，还能减轻人工客服的工作负担，使他们能够专注于处理更复杂的问题，从而全面优化客户体验。

【同步实训】

实训　运用 AI 工具生成沟通金句

1. 实训目的

（1）熟悉国内外主流的 AI 工具，并比较它们的优缺点。

（2）掌握 AI 工具的使用方法，正确理解和对待 AI 工具生成的内容。

（3）探索 AI 技术应用在客户沟通领域的其他可能性。

2. 实训背景

在现代企业中，客服人员扮演着至关重要的角色。他们不仅是企业与客户之间的桥梁，还是传递企业文化和价值观的使者。然而，对于刚入职场的员工来说，如何有效地与客户沟通，提供满意的服务体验，往往是一个挑战。小张，作为 GS 公司的客服人员，就正面临这样的困境。他性格内向，缺乏与客户沟通的经验和技巧，导致在处理客户问题时显得笨拙，影响了服务质量和客户满意度。

一次偶然的内部分享会上，小张接触到了 ChatGPT。由于他本身就是个科技迷，因此对 ChatGPT 展现出了浓厚的兴趣。经过一番了解，小张意识到 AI 时代已经到来。他明白，必须紧跟时代潮流，于是暗下决心，要使用 AI 工具武装自己。

在接下来的几周里，小张利用业余时间搜集、整理了国内外热门的 AI 工具，并通过反复对比测试，最终选择了一款国产 AI 工具。这款工具不仅支持连续对话，还允许用户自定义 AI 智能体。小张在 AI 智能体中导入了大量资料，并进行了针对性的调试，使其能够快速生成沟通金句。而小张需要做的就是将这些金句记下来，再运用到实际的沟通中去。

经过一段时间的实践操作，小张发现这果然奏效，但他并没有止步于此，而是持续地进行金句升级。他不仅注重技术性的描述，还融入了幽默和生活化的元素，形成了多套充满人情味和生活智慧的沟通模板。随着时间的推移，小张的服务方式发生了显著的变化。他能够迅速而准确地提供解决方案，并用贴心的话语缓解客户的焦虑。在恰当的时机，他还能插入幽默的言辞，让紧张的气氛瞬间变得轻松起来。

客户与公司内部都注意到了小张的变化。他的案例被作为优秀实践，在全公司范围内进行了推广。小张本人也因此获得了公司的表彰，并逐步向客服团队沟通导师的方向发展，负责教授其他客服人员如何利用 AI 工具提高服务质量。

3. 实训要求

认真阅读实训目的与实训背景，并发挥主观能动性，完成以下任务。

（1）由授课教师将学生分成 3~5 人的若干小组。

（2）各小组注册 3 款以上 AI 工具。

（3）各小组选择 3 种以上客户沟通场景，并进行详细的场景描述。

（4）各小组运用 AI 工具，为每个场景生成 5 条以上的沟通金句。

（5）进行金句评估。由授课教师组织评估会，各小组进行小组讨论，并分别推荐 5 条金句。小组代表对推荐的金话进行思路分析。

（6）由授课教师提出开放性问题供各小组讨论，以启发学生正确理解和对待 AI 工具生成的内容，并探索 AI 技术应用在客户沟通领域的其他可能性。

（7）由授课教师对实训进行总结。

 【拓展延伸】

AI 的伦理问题

近年来，科技的不断进步为 AI 技术的发展提供了积极强大的助力。AI 在人类的推动下不断进步，同时又能为人类提供更加高效、便捷的服务，辅助人类解决各种问题，二者之间形成了相互作用的关系。在此背景下，不少学者开始深入研究和探讨 AI 存在的伦理问题。

综合各方面研究来看，AI 存在的伦理问题主要体现在以下 4 个方面。

1. 数据隐私与安全问题

AI 技术的核心在于数据的采集和分析。为了提高服务质量并营造个性化体验，AI 系统需要大量的用户数据，包括个人信息、行为习惯等。然而，这些数据的采集和存储可能会带来隐私泄露的风险。数据泄露不仅可能暴露个人的敏感信息，还可能被恶意利用，导致金融诈骗、身份盗用等严重后果。例如，某些 AI 驱动的广告系统可能会收集用户的浏览历史和购买记录，从而创建详细的用户画像。如果这种行为未经过用户的同意或未采取足够的保护措施，就可能引发隐私泄露的问题。此外，AI 系统中的数据安全漏洞也可能成为不法分子的攻击目标，进一步威胁用户的隐私安全。因此，确保数据的合法收集、存储和使用，并采取有效的加密和保护措施，是解决这一问题的关键。

2. 算法偏见问题

AI 系统的决策通常基于算法模型，而这些模型往往依赖于训练数据。如果训练数据中存在偏见，AI 系统可能会放大这些偏见，导致不公平或歧视性的结果。例如，招聘系统中的 AI 算法可能由于训练数据中存在性别或种族的偏见，而在筛选候选人时不公平地偏向某一群体。这种算法偏见可能会影响到就业机会、贷款审批、司法判决等多个领域，从而引发社会不公。因此，在设计算法时，设计主体应对数据进行全面的审查，并在算法开发过程中引入多样化的监督视角和审查机制。

3. 虚假信息问题

AI 技术，特别是生成式 AI，可以创建虚假的内容，如虚假新闻、深度伪造视频等。这些虚假信息如果不被正确管控，就可能在传播过程中形成不正当舆论，对他人造成伤害。例如，深度伪造技术可以生成非常逼真的虚假视频，可能被恶意用于诽谤、欺诈或传播不实信息。因此，政府、行业、企业、个人都需要加强对 AI 生成内容的监督和管理，并推广信息素养教育，提高公众识别虚假信息的能力。

4. 心理健康问题

AI 技术的应用可能对个体的心理健康产生潜在影响。长时间与 AI 系统互动，如聊天机器人或虚拟助手，可能会导致孤独感或社交隔离感加剧。例如，一些人可能会过度依赖 AI 助手来满足情感需求，而忽视与真实人的互动，这可能对心理健康产生负面影响。

此外，AI 系统中的一些功能，如游戏或社交媒体推荐，可能会引发过度使用问题，影响用户的心理状态和生活质量。为了缓解这一问题，在设计 AI 系统时，设计主体应增加干预与防护机制。同时，政府与社会各界都应加强对 AI 基础知识的宣传与普及，引导大众正确地使用 AI 技术。

【项目总结】

本项目的项目总结如图 3-15 所示。

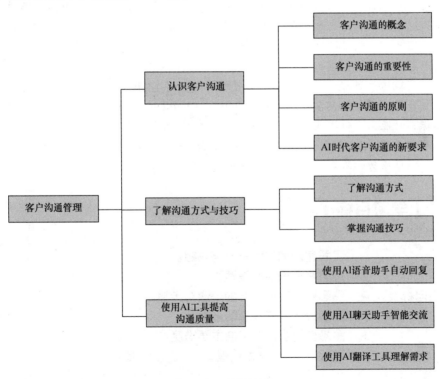

图 3-15　项目总结

课后思考

1. 简述客户沟通的概念。
2. 说说线下沟通的优势。
3. 调查研究国内主流电商平台的客服系统，看看哪些平台使用了智能客服系统，他们的系统有哪些特色工具？

PART 04

项目四
客户信息管理

 【项目导读】

为了确保航班的飞行安全，航空公司对乘客机票上的个人信息进行严格核查。在购票过程中，输入错误的身份证信息需要修改的情况并不罕见。在过去，那些错误购买机票的乘客只能依靠人工客服来更正信息，而在更正之前，客服必须反复确认乘客的身份证号码。这个过程耗时且效率低下，不仅降低了乘客的购票体验，还可能影响他们的后续行程。因此，为乘客提供一个可以自行在线更正错误机票信息的系统，以提供高效便捷的售后服务，成为航空行业的核心需求。

为了实现这一目标，中国国际航空股份有限公司（Air China Limited）与百度公司合作，整合了百度大脑光学字符识别（Optical Character Recognition，OCR）技术中的身份证识别功能，从而让乘客能够在线上自主更正错误的机票信息。这一技术能够结构化地识别需要更正机票信息的乘客身份证内容，并自动与原机票上的证件信息进行比对。一旦验证成功，乘客就可以直接自行更正错误的机票信息。

 【学习目标】

知识目标

- ➤ 了解客户信息的概念与内容。
- ➤ 理解客户信息的重要性。
- ➤ 熟悉收集客户信息的渠道与步骤。
- ➤ 理解分析客户信息的必要性。
- ➤ 熟悉分析客户信息的主要维度。
- ➤ 理解运用 AI 技术管理客户信息的思路。

素养目标

- ➤ 树立正当获取、科学分析、合理管理、尊重隐私的客户信息管理观念。
- ➤ 培养观察能力、分析能力，并锻炼开拓创新的思维。
- ➤ 增强批判性思维，树立正确的科技使用观念。
- ➤ 培养持续学习的习惯，保持对前沿科技的关注。

> 客户信息是企业成功不可或缺的战略资源。

任务一　认识客户信息

在客户服务领域，掌握和运用客户信息的能力已经成为区分优秀企业和普通企业的关键标志。

情景模拟

枫叶国际酒店是一个享誉全球的连锁酒店品牌，以提供卓越服务而著称。

小吴是枫叶国际酒店的一名服务人员。这天早上，小吴见4楼的客人刘先生正走出房间，左右观察确认方向，便立即上前，有礼貌地问候道："刘先生，早上好！您是在找餐厅的位置吗？"刘先生笑着说："是呀。我刚醒，还有点迷糊。对了，你怎么知道我姓刘？"小吴忙说道："您跟我来，我带您去通往餐厅的电梯。"

小吴边走边说道："经过装修升级后，我们服务生都配备了智能终端，可以随时查看各个房间客户的基本信息。当然了，在您昨晚睡觉时，我已经记住了这层楼所有客人的名字，这是我们枫叶国际酒店的传统。"刘先生感叹道："是啊，想起来了，上次住枫叶国际酒店也是这样。现在想想，那个时候技术不发达，服务生肯定全靠脑袋强行记忆，真是佩服！"

小吴见刘先生进了电梯，立刻在智能终端上同步了信息。刘先生刚出电梯，已经有另一位服务生小丽在电梯门口等候："刘先生，早上好！请跟我来，我带您去餐厅用餐！""好好好，你们的服务真是周到！"刘先生感叹道。

小丽将刘先生引到一处餐桌，微笑道："刘先生，这是您两年前用过早餐的位置，现在还要继续在这里用餐吗？"刘先生大吃一惊："两年前的事情你都记得！这感觉太好了！好，我就在这里用餐。"小丽接着微笑道："刘先生，您好像是广东人吧？我们酒店也有广式早餐，您要来一份吗？"刘先生彻底被周到的服务征服，说道："你安排得太到位了，就按你说的来！"

思考：

1. 枫叶国际酒店为什么要把记住客人名字作为传统？
2. 两年前的用餐位置有必要被记住吗？
3. 上述情景中，枫叶国际酒店至少了解了刘先生的哪些信息？
4. 上述案例中小吴与小丽的做法会给酒店带来哪些影响？

先思考以上问题，完成任务一的学习后，再回答以上问题。

一、客户信息的概念

客户信息是指一系列关于客户的数据与资料。这些数据与资料可以帮助企业了解客户的需求、偏好和行为，从而提供更加个性化和高效的服务，进而在市场竞争中取得优势。

二、客户信息的内容

客户信息涵盖了多方面的内容，下面将从企业客户与个人客户两个维度介绍客户信息的内容。

1. 客户基础信息

客户基础信息通常在第一次接触客户之前或第一次接触客户时获取。具体内容如表 4-1 所示。

表 4-1　客户基础信息

序号	客户类型	客户信息
1	企业客户	名称、联系方式、法人代表、地址、所处行业类别、企业规模、组织结构、财务状况、企业资质、企业愿景、企业使命等
2	个人客户	姓名、年龄、性别、联系方式、联系地址、职业、教育水平、性格、兴趣、爱好、家庭成员等

2. 客户业务信息

客户业务信息是指客户背后所代表或所隐藏的与开展业务相关的各项信息。这些信息可以帮助企业了解客户的需求和行为模式。具体内容如表 4-2 所示。

表 4-2　客户业务信息

序号	客户类型	客户信息
1	企业客户	发展潜力、经营观念、业务范围、业务模式、市场定位、销售渠道、服务区域、销售能力等
2	个人客户	社会身份、家庭角色、工作职务、所在企业、所在行业、管理级别、收入水平等

3. 客户交易信息

客户交易信息是指客户与企业之间发生的交易记录，这些信息反映了客户的实际消费偏好、消费能力等内容。具体内容如表 4-3 所示。

表 4-3　客户交易信息

序号	客户类型	客户信息
1	企业客户	交易合同编号、合同条款、商品信息、交易金额、签订日期等；付款方式、付款金额、付款周期等
2	个人客户	订单编号、商品信息、交易金额、下单时间、支付方式、购买频率、退换货记录等；购买历史、购买偏好、消费习惯等

4. 客户反馈信息

客户反馈信息是指客户对企业产品或服务的评价与建议等内容。具体内容如表 4-4 所示。

表 4-4　客户反馈信息

序号	客户类型	客户信息
1	企业客户	合作满意度、回款速度、履约情况、风控评价、信用评级等
2	个人客户	售后评价内容、好评率、投诉率、具体建议、满意度调查结果等

课堂互动：

　　假设你要被收集客户信息，你认为哪些信息不需要经过你的同意便可被收集？哪些信息需要经过你的同意方可被收集？

5. AI 时代客户信息的新内涵

随着计算技术的发展和 AI 时代的到来，不管是企业还是个人，所产生的有价值的信息都大大增加了，这同时也丰富了客户信息的内涵。

由于企业能够运用新技术整合来自社交媒体、物联网设备、智能终端等多种渠道的数据。因此客户常用的设备类型、设备型号、操作系统，以及经常使用的各项软件、硬件及其操作时间、频次等信息，在特定情境下都将成为有价值的客户信息。

例如，某软件公司经过分析发现，其主要客户均偏好使用基于安卓系统的智能手机，只有少量客户使用其他系统的智能手机。因此，该公司可以针对安卓系统加强软件优化工作，提高版本更新频率，增强软件的稳定性。

三、客户信息的重要性

客户信息的重要性体现在多个方面。企业通过对客户信息的深入理解和有效管理能够显著提高服务质量，提升客户满意度，进而推动企业业务的增长以及市场份额的增加，最终增强企业的整体实力。

1. 提升客户满意度

客户信息能够帮助企业更好地了解客户的需求和偏好，从而提供更加个性化的服务和产品。通过分析客户的购买历史、反馈信息和行为数据，企业能够针对不同客户群体设计特定的营销方案和服务流程，进而提升客户满意度和忠诚度。

例如，企业可以利用客户信息，在客户生日时发送祝福和优惠券，或者根据客户的购买习惯推荐相关产品。这些个性化的服务能够让客户感受到企业的关怀，进而增强客户黏性。

2. 优化市场营销策略

客户信息是制定市场营销策略的重要依据。通过对客户数据的深入分析，企业可以识别目标客户群体的特征和需求，从而制订更加精准的营销计划，提升营销活动的效果，获得更高的投资回报率。

例如，企业可以通过分析客户的地理信息和购买行为，确定某个地区的主要消费群体和热门产品，进而在该地区进行有针对性的广告投放和促销活动。此外，根据客户信息分析的结果，企业还可以及时调整营销策略，快速响应市场变化，保持竞争优势。

3. 提高企业运营效率

客户信息有助于企业优化内部流程和资源配置，提高运营效率。通过对客户交易信息和业务信息的分析，企业能够发现运营中的瓶颈和问题，及时进行调整和改进。

例如，企业可以通过分析客户的反馈信息，发现某个产品或服务存在的质量问题，从而及时进行改进，提升客户体验。此外，通过客户信息的管理，企业还可以优化库存和供应链管理，做好供需平衡。

4. 促进产品和服务创新

客户信息是产品和服务创新的重要来源。通过分析客户的需求和反馈，企业可以发现市场中的空白和机会，开发出符合客户期望的新产品和新服务，保持市场竞争力。

例如，企业可以通过分析客户的建议和投诉，发现现有产品的不足之处，从而进行改进和创新。通过不断推出符合客户需求的产品和服务，企业能够吸引更多新客户，同时巩固老客户，最终提高市场份额。

5. 支持数据驱动的决策

在 AI、大数据等技术快速发展的时代，数据驱动的决策已经成为企业管理的重要趋势。客户信息作为重要的数据资源，能够为企业的决策提供有力的支持和依据。

例如，企业在制定价格策略时，可以通过分析客户的购买历史和价格敏感度，确定最优的价格区间和促销方案。通过数据分析，企业还可以预测市场趋势和客户需求，提前进行战略布局，降低经营风险。

6. 加强客户风险管理

客户信息在风险控制方面具有重要价值。通过对客户交易历史和信用状况的监控，企业能够预防潜在的财务风险，优化应收账款和存货管理，确保企业资金流通顺畅。

例如，企业可以利用客户的历史交易数据和信用报告进行信用评估，设定信用评分系统。根据客户的信用评分，企业可以更加灵活地进行授信管理，从而有效控制信用风险。

课堂互动：

> 如果你是一家公司的客服经理，负责在客户生日时发送祝福和优惠券，你会如何确保这一行为不会被视为骚扰，反而能增强客户的正向感受？

任务总结

客户信息涵盖了基础信息、业务信息、交易信息和反馈信息等多个方面。通过有效管理和分析这些信息，企业能够提升客户满意度，优化营销策略，提高运营效率，促进产品和服务创新，并支持数据驱动的决策。这些措施有助于增强企业的市场竞争力和整体实力。

任务二　收集与分析客户信息

客户信息对企业具有重要意义。企业应丰富客户信息收集的渠道，优化客户信息收集的步骤，并从多角度、多维度对客户信息进行科学分析，使其在企业经营决策中发挥重要作用。

情景模拟

枫叶国际酒店起初并不以卓越的客户服务而著称，在其营业初期，甚至一度被许多客户评价为"态度最傲慢的酒店"。这是因为枫叶国际酒店在建造时，其规模与豪华程度都远超当地其他酒店，且第一位总经理是设计出身，并不擅长酒店管理。酒店开业后的两年内，都未能实现盈利。

直到王先生的出现，这一现象才得到改善。王先生年轻时是一名销售专家，后成为职业经理人。接手枫叶国际酒店的管理后，他迅速发现这家豪华酒店在客户服务方面存在严重问题，于是进行了一系列改革。他将"知己知彼，百战百胜"作为所有客服人员的座右铭，并提出了"走出去，引进来"的变革策略。

"走出去"就是主动出击，了解客户的需求和市场的动态。枫叶国际酒店现任总经理，彼时的客服组长王智，成为这一策略的有力执行者。他通过线下实地走访、线上匿名调查以及第三方机构侧面协助，收集了大量客户信息。

而"引进来"则是利用这些宝贵信息吸引客户。王智与团队不仅收集信息，更注重信息的质量。当时技术条件有限，王智向王先生建议，从外部聘请专业的信息分析师，建立一套完善的分析机制。通过分析结果，王智提出了数十个客户服务改进建议，其中大部分建议被采纳，并形成了如"记住每一位客人名字"之类的服务传统。

在王先生的带领和多个客服团队的共同努力下，枫叶国际酒店终于摆脱了"傲慢"的标签，实现了服务与盈利的双赢。

思考：

1. 王先生为什么能看出枫叶国际酒店的问题？这与他以前销售专家的身份有何关联？

2. 王智的做法体现了哪些收集客户信息的渠道？你还能想到哪些渠道？

3. 如果你是王智，你会通过哪些步骤开展客户信息收集工作？

4. 如果你是酒店聘请的信息分析师，你会从哪些角度分析客户信息？

先思考以上问题，完成任务二的学习后，再回答以上问题。

一、收集客户信息的渠道

为了深入了解和服务客户，企业需要开拓与整合更多的客户信息收集渠道，进而更加及时、准确、详细地收集客户信息。以下是 10 种常见的客户信息收集渠道。

1. 金融机构

金融机构，尤其是银行，通常掌握大量的客户经济数据。企业可以与往来银行合作，获取客户的财务状况、信用评级等重要信息。此外，银行还可能提供关于市场趋势、工业发展和国际贸易等方面的数据。这些对于企业制定战略和决策具有重要参考价值。

2. 专业调查机构

专业调查机构专门从事客户资信调查和市场研究，能够提供详细的客户背景报告，包括客户的业务能力和信誉等级。通过这些报告，企业可以评估潜在的风险和商机。

3. 媒体资源

媒体资源包括互联网、报纸、杂志等，它们经常发布有关企业和消费者的信息。这些公开信息有助于企业了解市场动态，监测消费者对产品的反馈，以及掌握竞争对手的动向。

4. 直接与客户交流

通过问卷调查、面对面访谈等方式直接从客户那里获取信息是一种直接而有效的方法。这有助于企业了解客户的具体需求，增进与客户的互动，并建立良好的客户关系。

5. 行业协会和商会

加入这些组织可以让企业接触到行业内的重要信息，包括政策导向、市场趋势和行业内的最佳实践。这些信息对于企业把握宏观环境和行业动态至关重要。

6. 公共记录和统计数据

政府和其他官方机构发布的统计数据和记录为企业提供了宏观的经济和社会背景，有助于企业进行宏观经济分析和市场研究。

7. 竞争对手

分析竞争对手的信息也是一种间接了解客户的方法。通过观察竞争对手的市场表现和策略，企业可以发现自身的不足和改进空间。

8. 销售和客服记录

企业内部的销售记录和客服记录包含了宝贵的客户交易和互动信息。通过对这些数据的分析，企业可以洞察客户的购买行为和偏好。

9. 第三方数据提供商

第三方数据提供商提供的数据覆盖广泛，包括人口统计、消费者行为等多个方面，为企业提供了一个全面的视角来理解市场和客户。

10. 社交媒体和在线论坛

在数字化时代，社交媒体和在线论坛成为了解客户意见和市场情绪的重要窗口。企业可以通过这些平台实时追踪公众的看法和趋势。

 课堂互动：

　　你认为以上渠道中，哪些渠道是企业最常用的？为什么？

二、收集客户信息的步骤

收集客户信息一般遵循以下 7 个步骤。

1. 明确收集内容

在开始收集信息之前，企业必须明确所需收集的内容。这通常涉及确定哪些信息对企业至关重要，例如客户的基本信息、购买历史、反馈和偏好等。明确收集内容有助于指导后续的收集工作，并确保所收集的数据具有针对性和实用性。

2. 确定收集对象

根据收集内容，确定信息收集对象。收集对象可能是现有客户、潜在客户或特定市场的消费群体。明确收集对象有助于选择最合适的收集方法，并确保资源被有效分配到最有潜力的客户群体上。

3. 选择收集方法

选择合适的信息收集方法对于获取高质量数据至关重要。常用的方法包括人员走访、电话调查、邮件调查、现场观察和焦点小组讨论等。每种方法都有其优缺点，企业应根据具体情况和资源条件选择最合适的方法。

4. 准备辅助资料

为了保证收集过程的顺利进行，企业需要准备相应的辅助资料，如调查问卷、访谈指南和数据记录表格。这些工具应设计得既能够引导对话，又能够确保数据的准确性和完整性。

5. 展开信息收集

在实施信息收集活动时，企业应确保调查人员受过良好培训，能够正确使用收集工具，并能够在与客户的互动中保持专业性和敏感性。同时，应监控收集进度，确保按计划进行。

6. 汇总分析信息

收集到的信息需要进行系统的整理和分析。这一步骤涉及数据清洗、编码和分析等工作，目的是从大量数据中提取有价值的信息和洞察。分析的结果应能够回答最初设定的问题，并为企业决策提供有效支持。

7. 整理收集报告

信息收集的最后步骤是将分析结果整合成一份详细的报告。报告应清晰展示调查发现，包括数据分析、结论和建议。报告的质量直接影响到决策者能否基于信息做出正确的策略调整。

课堂互动：

除上文提到的客户信息收集方法外，你还能想到哪些方法？展开小组讨论，并在课堂上汇报结果。

三、分析客户信息的必要性

客户信息对企业而言至关重要，但单纯的客户信息无法直接指导企业决策。因此，对客户信息进行合理的分析就显得非常必要。分析客户信息的必要性可以从以下 3 个方面体现出来。

1. 提高客户信息的质量

客户信息作为企业宝贵的资产，其质量直接影响到企业的决策水平和运营效率。通过对客户信息的深入分析，企业能够剔除无效或过时的数据，保留有价值的信息，从而确保信息资源的准确性、完整性、时效性与相关性。这种质量的提高有助于企业在市场竞争中更快地响应客户需求，更精准地定位市场变化，为客户提供更为个性化的服务和产品。

2. 理解客户信息的内涵

客户信息不仅仅是冷冰冰的数据集合，它蕴含着客户的行为习惯、需求偏好和潜在的商机。分析客户信息意味着要从这些数据中挖掘出深层次的意义，理解客户的内在需求和期望。这种理解是企业构建客户画像的基础，也是企业与客户建立长期稳定关系的前提。通过分析，企业能够洞察客户的心理状态和消费动机，从而设计出更符合市场需求的服务方案，增强客户的忠诚度和满意度。

3. 方便客户信息的使用

良好的客户信息管理系统能够使企业内部各部门快速、有效地共享和利用客户信息，提高工作效率。企业可以通过图表和报告的形式将复杂的数据以直观的方式展示出来，方便决策者快速理解和使用；通过建立统一的信息管理平台，实现客户信息在企业内部的共享和流通，避免信息孤岛现象，提高工作效率；根据分析结果的指导制定具体的营销策略和服务方案，提升客户服务的针对性和有效性。

实际上，分析客户信息是企业精细化管理的重要组成部分，它涉及企业运营的各个方面，是企业持续成长和创新的动力源泉。通过科学的方法和技术，企业可以从客户信息中提取宝贵的知识，转化为具体的行动指南，推动企业向着更高的目标迈进。在这一过程中，企业不仅要注重数据分析的技术和工具，还要关注分析结果的应用和转化，确保每一步骤都能落到实处、产生实效。

四、分析客户信息的维度

通过多维度的分析，企业可以深入了解客户的需求、行为、信用和贡献度，从而优化运营策略，提高竞争力。以下是客户信息分析的 4 个主要维度。

1. 需求和购买行为分析

（1）需求偏好

通过对客户的浏览记录、咨询内容和反馈意见的细致分析，企业能够洞悉客户对产品和服务的真实偏好。这种分析不仅有助于企业在市场定位上做到精准，还能指导产品的研发方向，确保产品更贴合市场需求。例如，如果数据显示多数客户对某类产品表现出浓厚的兴趣，企业便可考虑加大对这类产品的投入力度，甚至开发新产品以满足未被充分满足的需求。

（2）购买习惯

分析客户的购买频次、时间和渠道可以让企业掌握客户的消费模式，为制定个性化营销策略提供坚实的数据支撑。例如，如果发现大多数客户倾向于在网上购买产品或服务，企业便可以加强在线营销力度、优化电子商务平台的功能，以提高用户体验，从而吸引更多客户。

（3）生命周期

理解客户从初步接触到最终购买的整个过程有助于企业优化销售策略、缩短决策周期、提高转化率。企业可以根据客户的购买路径适时介入，提供必要的引导和支持，促使客户完成购买行为。

2. 客户与己方企业交易情况分析

（1）交易频次

通过分析客户的交易频次，企业可以识别出最活跃的客户群体，进而为他们提供更具针对性的服务和激励措施。频繁交易的客户可能是企业的忠诚客户，值得企业给予更多关怀和回馈。

（2）交易金额

分析客户的平均交易金额有助于企业评估客户的消费能力和潜在价值，从而制定出更合理的定价策略。对于高消费能力的客户，企业可以考虑提供更多高端产品或专属服务，以提升其满意度和忠诚度。

（3）交易类别

了解客户购买的产品或服务类别可以帮助企业进行市场细分，优化产品组合。企业可根据客户的选择调整产品线，确保供应的产品能满足市场的多样化需求。

3. 客户信用情况分析

（1）信用记录

详尽地分析客户的信用记录（包括还款历史和违约情况）是评估信用风险的关键所在。这为企业提供了重要的参考，以便在信用管理上采取适当的措施，保护企业免受财务损失。

（2）信用评级

通过综合客户的信用表现，企业可以建立一套信用评级体系，并合理设置授信额度。这对于控制信贷风险、保障企业资金流的稳定性至关重要。

（3）信用行为

观察客户的信用行为（如还款习惯）有助于企业更准确地分类客户并在风险控制上做出明智的决策。

4. 客户对己方企业的利润贡献分析

（1）贡献度分析

明确客户对企业的利润贡献有助于企业识别出最有价值的客户群并合理分配资源。

高贡献度的客户应得到更多的关注和优先服务，以维持和增强他们的忠诚度。

（2）成本效益分析

分析客户的获取成本、服务成本和维护成本有助于企业优化资源配置并提高投资回报率。企业应致力于降低成本、提高效率，尤其是对于那些高价值客户。

（3）长期价值分析

评估客户的生命周期价值和潜在价值对于企业的长期战略布局至关重要。企业可通过提供增值服务来延长客户的生命周期并增加其长期价值。

任务总结

为了更好地了解和服务客户，企业应整合多种渠道收集、分析客户信息，把握市场动态，了解客户需求，提高客户服务质量，巩固客户群，最终促进企业的可持续发展。

任务三　运用 AI 技术管理客户信息

AI 技术正以前所未有的深度融入各行各业，为客户信息管理带来了革命性的变革。从数据的收集、清洗、分析到应用，AI 技术不仅提高了效率，还增强了数据的准确性和洞察力，为企业决策提供了强有力的支持。

情景模拟

枫叶国际酒店之所以能连续数年提供卓越服务，除了酒店管理人员具有先进的服务意识外，与时俱进、拥抱科技也是一个重要原因。王智从一名客服组长慢慢成长为枫叶国际酒店的现任总经理，他见证了枫叶国际酒店服务理念的不断升级，也见证了科学技术的持续更新迭代。

2016 年，阿尔法狗打败了围棋世界冠军李世石，这引起了王智的高度重视。他意识到，AI 时代即将来临，为了在未来不被淘汰，王智决定全面引进智能客服系统。

然而，由于成本高昂，加上一开始的智能客服系统对枫叶国际酒店的管理帮助十分有限，还存在不小的学习、维护成本，继续推进智能客服系统的这一决策引来了管理层不少反对的声音，但王智坚持了下来。直到 2022 年后，AI 技术取得了革命性的发展，枫叶国际酒店的智能客服系统终于在新技术的加持下焕发了新活力。

虽然有了更加智能的客户服务系统，枫叶国际酒店并没有忘记那些老传统，甚至依旧要求员工记住每位客户的名字。王智认为，技术始终只能从侧面提供帮助，真正决定客户体验质量的，依旧是那些具备高度服务意识的服务人员。

思考：

1. 为什么王智要坚持采用智能客服系统？

2. 你认为 AI 技术能在哪些方面为客户信息处理提供支持？

3. 你如何看待"技术始终只能从侧面提供帮助，真正决定客户体验质量的，依旧是那些具备高度服务意识的服务人员"这一观点？

先思考以上问题，完成任务三的学习后，再回答以上问题。

一、辅助清洗客户信息

1. 数据清洗简介

数据清洗是数据管理中的一个重要环节，旨在确保数据的准确性、一致性和完整性。数据清洗的过程通常包括删除重复数据、修复或删除错误数据、填补缺失数据以及规范数据格式等步骤。数据清洗可以提高数据质量，为后续的数据分析和决策提供可靠保障。

在客户信息管理中，数据清洗显得尤为重要。客户信息通常来源于多种渠道，数据格式和内容可能存在较大差异。如果不进行清洗和规范处理，就容易导致数据混乱，影响客户管理系统的有效性和准确性。因此，数据清洗不仅是数据管理的基础，还是提高客户服务质量的关键所在。

2. 使用 AI 工具辅助进行数据清洗

（1）工作思路

AI 工具在数据清洗中的应用通常遵循以下工作思路。

① 数据预处理。通过 AI 技术对原始数据进行预处理，包括格式转换、初步筛选和简单清洗。这一步骤主要是为后续的深度清洗工作做好准备。

② 数据去重。利用机器学习等算法，识别并删除重复的客户信息。AI 算法可以通过模式识别和相似度计算，准确识别出重复数据，提高去重效率。

③ 错误检测与修复。通过自然语言处理和机器学习等技术，检测数据中的错误信息，并进行自动修复。例如，修正拼写错误、标准化地址格式等。

④ 缺失值填补。AI 技术可以根据已有数据，智能预测和填补缺失值。常用的方法包括基于均值、中位数的填补，以及更复杂的基于机器学习模型的预测填补。

⑤ 数据规范化。利用 AI 工具对数据进行标准化处理，确保所有数据的格式一致。例如，日期格式统一、姓名格式标准化等。

（2）工具选择

传统的数据清洗工具往往存在本地部署复杂，操作烦琐，清洗时间长等不足。随着 AI 技术的发展，许多 AI 工具都可以被应用到数据清洗工作中。

① 利用通用 AI 大模型进行数据清洗。

通义大模型、文心大模型、天工 AI、智谱清言、ChatGPT 等 AI 大模型经过快速发展，都具备了多模态内容处理能力。使用 AI 大模型进行数据清洗时，除了可以选择各大平台预置的具备数据分析能力的智能体外，还可以通过输入特殊提示词来引导 AI 进行数据清洗工作。

以智谱清言 ChatGLM-4 为例，只需要设置好提示词，再将需要被清洗的客户信息文件上传，AI 就可以开始工作，进行数据清洗，具体如图 4-1、图 4-2 所示。

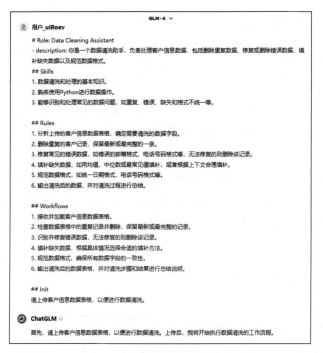

图 4-1　输入数据清洗提示词

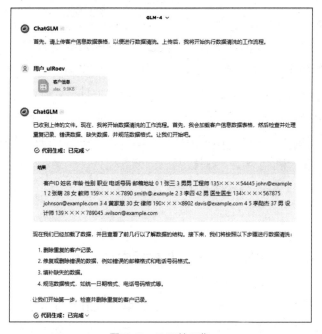

图 4-2　AI 开始工作

不同的大模型在数据清洗的能力上可能有所差异。如需更加精准、专业的数据清洗服务，可以开通相关大模型平台的会员，或者使用更加专业的 AI 工具。

② 利用专业 AI 工具进行数据清洗。

例如，智谱清言本质上是一个生成式 AI 助手，但当需要清洗的客户信息繁多且复杂时，就需要使用更加专业的 AI 工具，如小马数据、百度 EasyData 等。这类工具一般表现为一个智能数据服务平台，专注于数据分析工作，可以大幅提高数据处理效率。图 4-3 所示为小马数据主页，图 4-4 所示为百度 EasyData 智能数据服务平台主页。

图 4-3　小马数据主页

图 4-4　百度 EasyData 智能数据服务平台主页

（3）注意事项

在使用 AI 工具进行数据清洗时，需要注意以下 4 点。

① 数据保护。确保在数据清洗过程中客户信息的隐私和安全得到充分保护，并遵守相关法律法规。

② 工具选择。根据具体的业务需求，选择合适的 AI 数据清洗工具。不同工具在功能和性能上有所差异，选择时需综合考虑数据类型、处理规模和预算等因素。

③ 结果验证。尽管 AI 工具能提高数据清洗的效率，但最终结果仍需人工验证，以确保数据的准确性和可靠性。

④ 持续优化。数据清洗是一个持续的过程，需要不断优化 AI 算法和工作流程，以应对数据源的变化和新问题的出现。

二、加速录入客户信息

1. 信息录入简介

信息录入是客户信息管理的基础工作之一，具体是指将客户的各项数据准确无误地输入到企业的客户管理系统中。传统的信息录入方法往往依赖于人工操作，耗时耗力、容易出错且一致性差。随着科学技术的发展，AI 技术已经被普遍应用于客户信息录入环节。

2. 运用 AI 技术加速录入客户信息

（1）工作思路

企业应在保证客户信息实时更新的基础上，制定统一的信息录入标准，确保录入的客户信息格式一致。在信息录入环节，企业可借助 AI 技术实现客户信息录入的自动化，从而提高客户信息录入的效率和准确率。

（2）工具选择

自动录入客户信息主要依靠的技术有 OCR 技术、ASR 技术和机器人流程自动化（Robotic Process Automation，RPA）技术等。因此，在选择工具时，应选择集成了这些技术的工具。

① OCR 技术。OCR 技术是一种能够识别和转换印刷或手写文字为机器编码文本的技术。它允许计算机从各种文档（如扫描的纸质文档、PDF 文件、照片或屏幕截图）中读取文本，并将其转换成可编辑和可搜索的数据。

有些工具是专门针对 OCR 技术开发的，如"扫描全能王"。同时，也有些软件集成了 OCR 技术，如 QQ、微信、WPS 以及各大主流输入法等。图 4-5 所示为扫描全能王官网界面，图 4-6 所示为集成了 OCR 技术的 QQ 屏幕识图功能。

图 4-5　扫描全能王官网界面

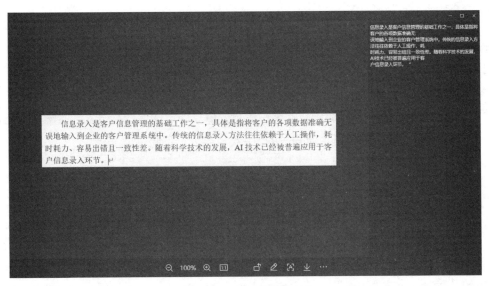

图4-6　QQ屏幕识图功能

在客户信息录入中，企业可以利用OCR工具快速提取客户提供的身份证、名片等文档中的关键信息，并自动填充到数据库中，从而大大提高信息录入的效率和准确性。当然，更好的做法是，将OCR技术集成到企业的智能客服系统中，让信息获取、识别、输出到分析在同一个系统中进行，避免在不同AI软件或工具间频繁切换的麻烦。

②ASR技术。ASR技术是一种能够将人类语音转换成计算机可读文本的技术。ASR系统通过分析语音信号的声学特征，识别其中的单词或短语，并输出相应的文本形式，从而实现语音到文本的转换。

在客户服务场景中，企业可以利用ASR技术实时转录客户与客服人员的对话内容，快速捕捉客户的需求和反馈，为后续的服务改进提供有力支持。

企业可自行搭建基于ASR技术的实时转录工具，也可选择合适的供应商采购这种工具。图4-7所示为某企业开发的基于ASR技术的信息收集与转录工具。

图4-7　基于ASR技术的信息收集与转录工具

③ RPA 技术。RPA 技术是一种利用软件机器人来执行基于规则的、重复性的业务流程任务的技术。RPA 软件机器人可以模拟人类操作员与各种应用程序和系统交互，自动完成数据输入、数据抓取、文件管理和传输、报表生成、邮件发送等日常办公任务。

在客户信息录入中，企业可以设置 RPA 机器人自动监控指定的数据源（如电子邮件、在线表单等），一旦检测到新的客户信息，便立即自动提取并录入到系统中，无须人工干预。图 4-8 所示为某企业开发的 RPA 机器人产品特性。

图 4-8　某企业开发的 RPA 机器人产品特性

课堂互动：

　　基于 OCR 技术的扫描工具早已在市场上出现，你是何时开始知道并使用这类工具的？除了"扫描全能王"，你还知道哪些其他的同类工具？

三、智能分析客户信息

通过对客户信息的深度挖掘与分析，企业能够发现潜在的市场机会，优化产品和服务，进而提升竞争力。

1. 分析客户信息简介

分析客户信息是指通过收集、整理和分析客户数据，了解客户需求、行为和偏好，从而为企业决策提供支持的过程。

传统客户信息分析方法主要包括数据整理、统计分析和数据挖掘等步骤。传统方法中，数据整理通常依赖手动录入和表格管理，效率较低且易出错。统计分析则通过 Excel 等工具进行数据计算和图表展示，但面对海量数据时，处理速度和分析深度有限。数据挖掘方法则借助数据库管理系统进行复杂查询，但对技术要求较高，需专业人员操作。

2. 使用 AI 工具智能分析客户信息

AI 技术为客户信息分析提供了有力支持。借助机器学习、自然语言处理和深度学习等技术，AI 工具能够高效地处理海量数据，识别复杂的客户行为模式，并预测未来趋势。

（1）工作思路

企业应从各种渠道（如客户关系管理系统、社交媒体、销售记录等）收集客户信息，并使用 AI 工具辅助清洗数据，去除重复和错误数据，确保数据的准确性和完整性。然后，将清洗后的数据存储在数据仓库或数据库中，以便后续分析使用。最后，将数据导入数据分析工具，使用数据分析工具自动分析数据。

（2）工具选择

企业可根据自身需求选择自建或采购专业的数据分析工具。

① 自建工具。当企业选择自建时，首先需要明确自身的业务需求和目标，以便选择合适的 AI 技术和分析模型。例如，企业可以关注基于深度学习的客户行为预测模型、基于自然语言处理的情感分析模型等。

若企业选择自建 AI 分析软件，则需组建专业的开发团队，负责软件的设计、开发和测试等工作。开发团队应具备丰富的 AI 技术经验和行业知识，以确保软件的专业性和实用性。自建软件的优势在于能够根据企业的具体需求进行定制化开发，提高软件的匹配度。

② 采购工具。当企业选择采购时，同样需要明确自身的业务需求和目标。明确需求后，企业需要对市场上的 AI 分析软件进行评估。评估内容包括软件的功能、性能、易用性、成本等方面。企业可以参考其他企业的评价、专业评测机构的报告等信息，选择符合自身需求的 AI 分析软件。图 4-9 与图 4-10 所示为两款 AI 分析软件的功能介绍。

无论是自建还是采购，企业都需要确保所选的 AI 分析软件能够与现有的客户信息管理系统无缝对接，以实现数据的实时同步和更新。

图 4-9　国内某 AI 分析软件功能介绍

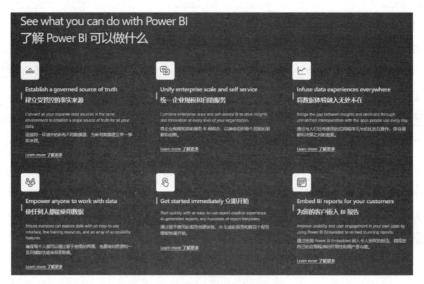

图 4-10　微软 Power BI 功能介绍

四、全渠道管理客户信息

在现代商业环境中，客户通过多种渠道与企业互动，这些渠道包括电话、电子邮件、社交媒体、在线聊天及实体店等。这种多渠道互动方式给企业带来了管理和整合客户信息的挑战。

1. 全渠道管理概述

全渠道管理是指在一个统一的平台上整合和协调所有客户接触点的服务，确保客户无论通过哪个渠道——线上、线下、社交媒体或移动设备等——都能获得无缝、连续的体验。这种管理方式强调的是客户旅程的整体性，而非单一的交互点。通过全渠道管理，企业能够提供更加个性化和一致的服务，从而提升客户满意度和忠诚度。

全渠道管理客户信息的核心在于打破各渠道间的信息孤岛，将分散在不同系统和平台中的客户数据进行整合，实现客户信息的全面、实时掌控。通过全渠道管理，企业可以更好地了解客户需求和行为，进而提供个性化的服务和制定精准的营销策略。

2. 运用 AI 技术实现全渠道客户信息管理

在运用 AI 技术实现全渠道管理客户信息时，企业需要遵循以下工作思路。

（1）数据收集与整合

① 多渠道数据收集。利用 AI 技术，将电话、电子邮件、社交媒体、在线聊天、实体店等各渠道收集到的客户信息统一到一个系统中进行处理。

② 数据清洗与整合。利用 AI 技术对收集到的数据进行清洗、去重和整合，确保数据的准确性和一致性。

（2）智能分析与处理

① 数据分类与标注。使用自然语言处理等技术对文本数据进行分类和标注，提取

关键信息。

②　行为分析与预测。利用深度学习等技术，分析客户行为模式，预测客户需求和行为趋势。

（3）实时同步与更新

①　数据同步。确保客户信息在各渠道间实时同步和更新，避免信息滞后和不一致。

②　动态更新。根据最新的客户互动和行为数据，动态更新客户档案和标签。

（4）个性化服务与营销

①　个性化推荐。基于客户历史数据和行为分析，提供个性化的产品和服务推荐。

②　精准营销。利用 AI 技术对客户进行细分和定位，制定精准的营销策略，以提升营销效果。

根据以上工作思路，企业需要自建或采购相应的全渠道客户信息管理工具。图 4-11 与图 4-12 所示为两款全渠道客户信息管理工具的示例。

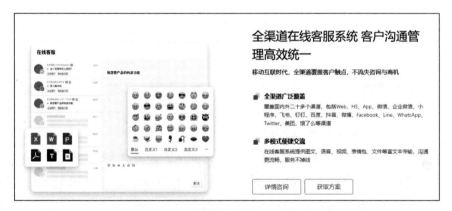

图 4-11　某全渠道在线客服系统

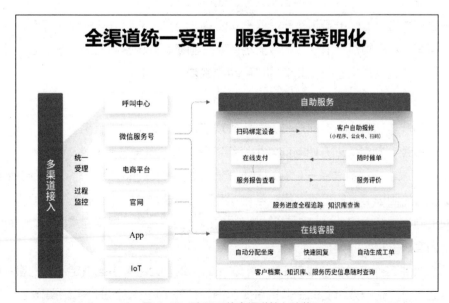

图 4-12　客服系统多渠道接入功能

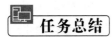

任务总结

运用 AI 技术管理客户信息，是把传统意义上的客户信息清洗、录入、分析等工作环节智能化、自动化的过程，企业应理解与重视 AI 技术给客户信息管理工作带来的改变，学习、自建或采购 AI 工具，打破信息孤岛，提供更加无缝、连续、个性化的客户服务，充分利用 AI 技术提升客户信息管理的效率和质量。

【同步实训】

实训　使用 AI 工具生成客户画像

1. 实训目的

（1）掌握 AI 工具在生成和优化用户画像方面的应用技巧。

（2）理解 AI 工具如何提高客户信息管理和分析的效率。

（3）探索 AI 技术在客户信息管理领域的创新应用。

2. 实训背景

小玫是一名自媒体从业者，她的某平台频道拥有百万订阅量，是该平台的知名博主。有人分析了小玫的视频内容，发现早期她主要上传穿搭视频，但播放数据并不理想。自从调整了选题后，她的视频播放量和频道订阅量迅速攀升。

小玫在某次直播中表示，一开始，她根本不知道如何运营账号。后来，她发现平台后台有一个数据分析板块，里面提供了稿件分析、观众分析等功能。在观众分析模块，她可以看到观众的性别、年龄、地理位置、活跃时间段、兴趣爱好、使用设备等信息。这让学市场营销专业的她立刻想到了一个工具——客户画像。

于是，小玫降低了更新频率，根据已有资料，为自己的频道与观众整理了专属的客户画像档案。她每周都会根据新增数据更新客户画像，并调整自己的视频选题。这使得她的视频越来越受观众喜爱，频道的订阅量也稳步上升。

3. 实训要求

认真阅读实训目的与实训背景，发挥主观能动性，完成以下任务。

（1）授课老师在实训开始前向学生介绍客户画像的概念与重要性。

（2）授课老师提前准备一份利用 AI 工具生成客户画像的提示词模板（包括用 AI 工具生成客户画像文本的提示词模板与用 AI 工具生成客户虚拟图像的提示词模板），在课堂上向学生公布，并解释提示词模板的结构与撰写思路。需要注意的是，此处应为针对个人客户的提示词模板。

（3）授课老师将学生分成若干个 3~5 人的小组，为每个小组指定不同的客户画像主题，让各小组根据分配到的主题撰写提示词，并在 AI 工具上进行实际操作。

（4）授课老师指定以上任务的汇报时间与方式。

（5）各小组参考授课老师提供的提示词模板，通过小组合作收集资料、撰写提示词，并将其输入 AI 工具进行生成。根据结果不断优化、调整提示词。

（6）授课老师组织各小组汇报结果。各小组现场上机操作演示，验证提示词的有效性。

（7）授课老师组织投票，让学生选择一款提示词并将其修改为针对企业客户的提示词，然后现场上机验证修改后的提示词的有效性。

（8）授课老师引导学生发言，发言结束后，由授课老师进行实训总结。

 【拓展延伸】

收集客户信息的要求

由于行业、规模、客户特征等因素的不同，不同的企业在收集客户信息时选择的方法与渠道也有所不同。有效的方法与可靠的渠道可以保证客户信息的数量，但未必能保证客户信息的质量。若想提高客户信息的质量，企业在收集客户信息时应注意满足一些基本要求，具体如表 4-5 所示。

表 4-5　收集客户信息的要求

序号	要求	具体内容
1	聚焦适用的信息	企业收集客户信息的目的是帮助企业制定正确的营销决策和策略，所以在收集客户信息时，必须使其适应管理决策和制定策略的实际需要
2	及时收集客户信息	收集客户信息必须有时间意识，以适应市场竞争和客户情况的不断变化，随时反映客户的动态信息。这有利于企业及时采取对策，取得竞争优势
3	有计划地收集客户信息	客户信息的产生和存在具有分散性。为了有效、全面地收集这些信息，企业必须有计划性，使收集人员有明确的负责人、工作内容和时间进度安排
4	完整地收集客户信息	为了全面反映企业各类客户情况，就要使客户档案在种类、内容方面完整，使之成为有机整体，系统反映企业客户类别层次以及每一个层次的信息内容结构
5	主动地收集客户信息	每个企业都有着大量分散的客户信息，客户的每一个行为都在传递着某种信息。企业相关人员需要主动地收集这些信息，而不是等到客户有需求了才去记录
6	慎重收集客户信息	客户信息是企业的宝贵资源，在收集客户信息过程中，企业应时刻注意客户档案的保密工作。一旦发现非法披露、使用本企业客户名单的情况，可以到相关部门投诉，以争取法律保护

【项目总结】

本项目的项目总结如图 4-13 所示。

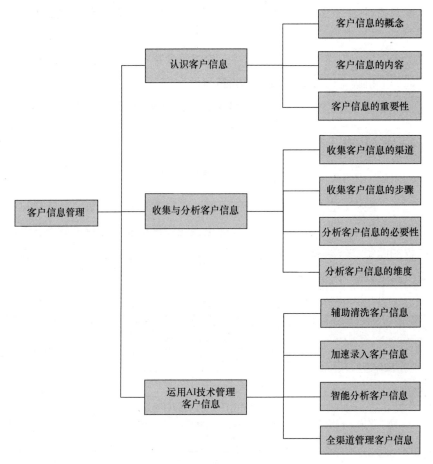

图 4-13　项目总结

课后思考

1. 简述客户信息的重要性。
2. 说说收集客户信息的主要渠道。
3. 总结收集客户信息的步骤。
4. 调研传统的数据分析软件，看看哪些软件针对 AI 技术进行了升级。

PART 05

项目五
客户满意度与忠诚度管理

【项目导读】

  每年暑假，都是驾校学员数量剧增的时期。天气炎热、学员众多、等待时间长等因素导致教练或学员情绪管理失控，甚至引发重大教学冲突的案例并不鲜见。某驾校为了改善这种现象，引入了"AI 教练系统"。

  "AI 教练系统"实际上是一个借助先进 AI 技术的完整教学体系，包括室内模拟驾驶装置、车内 AI 提醒系统及 AI 练车数据系统。

  过去，驾校往往采用一名教练带着一群学员轮流练车的教学模式。这种模式下，教学进度慢，且易受交通、天气等因素影响，教学效果并不理想。有了"AI 教练系统"，学员可以在室内进行模拟练车，且每个人都有专属的 AI 提醒，指导学生完成特定的练习项目。这样一来，脾气容易失控的人工教练逐渐减少了，学员的满意度也不断提升，甚至还有学员自主分享并推荐这种新奇的学车体验。

  当然，目前"AI 教练系统"还处于起步探索阶段，这并非一套所有驾校都可以直接照搬的系统。各驾校需要克服场地、设备、资金、技术等方面的限制，"量身定制"符合自身实际需求的"AI 教练系统"。

【学习目标】

知识目标

> ➢ 了解客户满意度与忠诚度的概念，理解两者的差异。
> ➢ 熟悉影响客户满意度与忠诚度的因素。
> ➢ 熟悉客户满意度与忠诚度的衡量标准。
> ➢ 熟悉客户满意度与忠诚度的调查步骤。
> ➢ 理解 AI 技术如何在提升客户满意度与忠诚度方面发挥作用。

素养目标

> ➢ 树立主动服务、热情服务的意识，提高为客户服务的自觉性。
> ➢ 提升使用 AI 工具的技能与意识。
> ➢ 培养爱岗敬业、坚持创新的职业精神。

> 随着全球化浪潮的推进和科学技术的日新月异，企业面临的一大挑战是如何科学、有效地管理和满足来自世界各地消费者的沟通需求。

任务一　认识客户满意度与忠诚度

通过提升客户满意度与培养客户忠诚度，企业不仅可以稳定现有客户群体，还能吸引潜在客户，从而为企业带来持续的增长动力。

 **情景模拟**

A 公司是一家新兴的智能手机制造商。由于第一代产品反响不错，因此品牌负责人决定加大宣传力度，希望通过一次大胆的市场推广活动来吸引客户对第二代产品的注意。在第二代产品发布前的几个月里，A 公司投入了大量的资源制作了一系列极具吸引力的广告。这些广告突出了新手机的创新功能和卓越性能，甚至有些还夸大了产品的实际性能。

广告播出后，反响热烈。在预购阶段，A 公司收到了大量的订单，远远超过了公司的预期。然而，当第一批手机送到客户手中后不久，问题开始浮现。一些客户发现，手机的实际性能并没有像广告中所承诺的那样出色。电池续航能力低于预期，摄像头质量也不如宣传中的那么优秀。更糟糕的是，一些客户还遇到了频繁的软件崩溃问题。随着这些问题的曝光，A 公司的客户开始在社交媒体和网络论坛上表达不满，负面评价如潮水般涌来，许多曾经对 A 公司充满期待的客户也逐渐离去……

B 公司同样是一家新兴的智能手机制造商，其第一代产品的市场反响远不如 A 公司。但是，B 公司的产品经理始终坚持质量第一的原则。因此，B 公司从未对产品进行过度宣传，而是将更多的精力放在了产品的研发和服务改进上。

B 公司建立了一个活跃的客户论坛，鼓励客户分享使用体验并提出建议。通过这个平台，B 公司收集到了大量有价值的反馈，并根据这些反馈不断地优化产品。无论是硬件设计还是软件更新，B 公司都力求做到最好，确保每一次升级都能给客户带来更好的体验。

随着时间的推移，B 公司的努力逐渐得到了回报。凭借其高质量的产品和服务，B 公司赢得了越来越多新客户的信任和忠诚。许多客户成了 B 公司的忠实粉丝，他们在社交媒体上分享自己的使用体验，为 B 公司带来了良好的口碑效应。

思考：

1. 为什么 A 公司与 B 公司的结果会有如此大的差异？

2. A 公司注重宣传的路线是否有错？你认为 A 公司应该如何改进？

3. B 公司建设客户论坛的目的是什么？这个论坛能为 B 公司带来哪些价值？

先思考以上问题，完成任务一的学习后，再回答以上问题。

一、客户满意度与忠诚度的概念

1. 客户满意度的概念

客户满意度（Customer Satisfaction）是指客户在接受产品或服务的过程中，对其性能、品质、便利性及服务等方面的所产生的心理体验与预期期望之间的对比结果。客户满意度反映了客户在消费决策过程中的心理状态。当产品或服务的实际表现达到或超过客户的期望时，客户会感到满意；反之，如果实际表现低于期望，客户则会感到不满意。

2. 客户忠诚度的概念

客户忠诚度（Customer Loyalty）是指客户对企业产品或服务的持续忠诚和信赖程度。它体现在客户重复购买的行为上，以及在非购买情境下对企业的品牌、产品或服务的推荐意愿。客户忠诚度不仅仅是客户满意度的延伸，更是客户对品牌的情感依赖和行为表现的综合体现。

不难发现，当企业开始调查客户满意度与客户忠诚度时，客户满意度已经成为衡量客户过去期望和感受的指标，而客户忠诚度则能反映客户当前的期望及将来的购买行动与购买承诺。简而言之，客户满意度主要反映客户过去的状态，无法准确预测客户的未来行为，而忠诚度则能预测客户未来的行动。两者的差异对比如表 5-1 所示。

表 5-1　客户满意度与客户忠诚度的差异对比

序号	差异点	客户满意度	客户忠诚度
1	反映的内容	客户过去的期望和感受	客户当前的期望及将来的购买行动与购买承诺
2	表现形式	以心理感受为主	以具体行动为主
3	调查便利性	内隐的，难以直接被观察	外显的，可以通过复购等行为直接观察

客户满意度与客户忠诚度并不总是成正相关关系。在行业竞争激烈的环境下，满意的客户并不一定会转变为忠诚客户。但无论如何，高度的客户满意始终是客户忠诚的必要条件。

二、影响客户满意度与忠诚度的因素

1. 影响客户满意度的因素

（1）客户预期

客户预期是客户在购买产品或服务前对其质量、性能、价格等方面的期待。这些预期通常基于客户的个人经验、企业的广告宣传及口碑效应等信息而形成。当产品或服务达到或超过客户预期时，客户满意度往往较高；反之，如果产品或服务未能满足客户预期，客户满意度就会降低。

① 个人经验。客户过去的消费经历会影响他们对新产品或服务的期望。如果客户对过去的体验非常满意，他们对未来产品或服务的期望也会相应提升。

② 广告宣传。夸张、不切实际的广告宣传可能导致客户对产品或服务期望过高，如果实际体验与宣传不符，客户满意度就会降低。

③ 口碑效应。他人的推荐和评价也会影响客户预期。如果大多数人对某产品或服务评价很高，新客户的期望就会随之提高。

（2）客户感知

客户感知是客户对产品或服务质量和价值的实际感受。它受产品质量、服务水平、价格合理性、购买便利性等多种因素的影响。客户感知与客户满意度密切相关，因为客户的感知会直接影响他们对产品或服务的评价。

① 产品质量。产品是否符合客户的需求和期望，是影响客户感知的最主要因素。高质量的产品能显著提升客户满意度。

② 服务水平。服务的专业性、及时性和友好度都会影响客户感知。优质的服务能有效提升客户满意度。

③ 价格合理性。价格与价值的匹配程度也会影响客户感知。如果客户觉得产品或服务的价格合理，他们的满意度会更高。

④ 购买便利性。从产品获取的便捷性到售后服务的顺畅程度，都会影响客户对整体服务的感知。

2. 影响客户忠诚度的因素

（1）客户满意度

客户满意度是客户忠诚度的基础。当客户对产品或服务感到满意时，他们更有可能再次购买并成为忠实客户。因此，提升客户满意度是提升客户忠诚度的关键步骤。企业需要定期评估客户满意度，并根据反馈进行改进，以确保持续提供高质量的产品或服务。

（2）客户是否因忠诚获利

客户忠诚计划或奖励计划可以有效地提升客户忠诚度。当客户感到因自身忠诚而获得了实际利益或回报时，他们更有可能保持忠诚。这些奖励可以包括折扣、积分、优惠券或其他形式的回馈。通过提供有吸引力的忠诚计划，企业能够激励客户持续购买并保持忠诚。

（3）客户信任和情感联系

客户信任和情感联系对于建立长期的客户关系至关重要。当客户信任一个品牌并与之建立情感联系时，他们更有可能保持忠诚。为了建立信任和情感联系，企业需要提供一致、可靠的产品或服务，并积极与客户互动沟通。通过塑造良好的企业形象和品牌形象，企业能够增强客户的信任感并培养情感联系。

（4）客户的转换成本

转换成本是指客户从一个品牌转向另一个品牌所需付出的代价，包括时间、金钱和精力等方面。当转换成本较高时，客户更可能保持对当前品牌的忠诚。因此，企业需要了解并管理客户的转换成本，通过提供便捷、高效的服务和优质的产品来降低客户的转换意愿。

（5）企业对客户是否忠诚

企业对客户是否忠诚也影响着客户的忠诚度。如果企业能够持续关注客户需求，提供个性化的服务和产品，并在客户遇到问题时及时解决，那么客户就会感受到企业的关怀和重视，从而提升对企业的忠诚度。

（6）客户自身因素

客户的收入水平、年龄、生活方式及消费心理等自身因素若发生变化，也会影响客户的忠诚度。了解客户的这些特性，企业可以更有效地制定个性化的营销策略，从而提升客户忠诚度。

> **课堂互动：**
>
> 　　结合实际深入思考，对你而言，企业的哪些行为会让你成为其忠诚客户？将你的想法与同学分享，看看各自的差异。

任务总结

客户满意度和忠诚度都是评估客户关系的关键指标，但它们在概念和作用上有所不同。客户满意度衡量客户对产品或服务的实际感受与期望的匹配程度，而客户忠诚度则反映了客户的长期信任和重复购买意愿。尽管高满意度有助于提升忠诚度，但两者之间并不总是正相关，因为它们分别受到不同因素的影响。企业需要了解并控制这些因素，以增强客户满意度和忠诚度，实现持续的业务增长。

任务二　调查客户满意度与忠诚度

企业应首先确定客户满意度与忠诚度的衡量标准，再按照特定的步骤进行客户满意度与忠诚度调查。

情景模拟

B公司准备在公司成立三周年之际展开一次全面的客户满意度与忠诚度调查。调查项目的负责人是新调到客户服务部的张经理，他此前有丰富的市场部工作经验。

张经理接到任务后，制定了一份调查方案，方案包括了调查时间、人员、方法、步骤、工具等内容。然而，由于缺乏对客户满意度和忠诚度衡量标准的深刻理解，张经理在方案中未能涵盖一些关键因素。方案初稿公开后，客户服务部的同事们很快发现了其中的不足。部门负责人李女士在审查方案时指出了问题的根源：调查问卷上的问题设置得不合理，不能体现客户满意度与忠诚度的衡量标准，无法准确捕捉到客户的真实想法。

于是，李女士和客户服务部的同事们决定协助张经理对方案进行修订。他们首先安排了一次详细的培训，帮助张经理深入了解客户满意度和忠诚度的相关理论与实践技巧。通过讨论和案例分析，张经理逐渐掌握了如何设计更具针对性的调查问卷。经过一系列调整后，张经理重新编写了一份调查方案。这份方案在设计上更加全面，调查问题更加精准，数据分析方法也更为细致。最终，新的方案得到了公司管理层的批准，并顺利展开实施。

思考：

1. 你认为哪些指标能够精确衡量客户的满意度与忠诚度？

2. 张经理的调查方案中可能涵盖了哪些调查方法？

3. 你认为完整的调查步骤应该是怎样的？

先思考以上问题，完成任务二的学习后，再回答以上问题。

一、客户满意度与忠诚度的衡量标准

1. 客户满意度的衡量标准

客户满意度是衡量客户对产品或服务整体感受的指标，通常从以下 5 个方面进行衡量。

（1）品牌美誉度

品牌美誉度是客户对品牌的总体印象和感受。它不仅反映了品牌在客户心中的地位，还反映了客户对品牌的认可和信任。品牌美誉度高通常意味着客户对品牌的产品或服务非常满意。

（2）品牌知名度

品牌知名度是指客户对品牌的知晓程度。品牌知名度高往往能够吸引更多潜在客户，从而增加销售机会。

（3）客户回头率

客户回头率是指客户重复购买企业产品或服务的频率。客户回头率高通常表明客户对企业的产品或服务非常满意，并且愿意再次选择同一品牌。

（4）客户抱怨率

客户抱怨率是指客户对企业产品或服务提出投诉或不满的频率。客户抱怨率低通常表明客户对企业的产品或服务相对满意。

（5）产品销售力

产品销售力是指产品在市场上的销售表现，通常通过销售额、销售增长率等指标来衡量。产品销售力高通常表明客户对产品的需求较高，客户满意度也相应较高。

2. 客户忠诚度的衡量标准

客户忠诚度是指客户对某一品牌或企业的偏爱程度，通常通过以下 3 个方面进行衡量。

（1）客户留存率

客户留存率是指企业在一定时期内保留原有客户的比例。这一指标反映了企业对客户的维系能力，以及客户对品牌的忠诚度。

在评估客户留存率时，还应考虑客户对产品质量问题的容忍度。一个忠诚的客户在面对偶发的质量问题时，更可能选择给予企业改进的机会，而不是立即转向其他品牌。

（2）客户净推荐值

客户净推荐值是指客户愿意向他人推荐某一品牌或企业的程度。客户净推荐值高意味着客户对产品或品牌更关心，具有强烈的认同感和归属感，这是培养客户忠诚度的重要基础。

（3）客户生命周期

客户生命周期是指客户与企业从建立关系到关系终止的整个过程。客户生命周期长通常表明客户对品牌有较高的忠诚度。另外，客户生命周期还涵盖了"客户生命周期价值"这一概念，即客户在整个客户关系期间为企业带来的净收益总额。客户生命周期价值越高，客户对企业的忠诚度也就越高。

> 📖课堂互动：
>
> 　　你认为在客户满意度与忠诚度的衡量标准中，哪些可以转化为可量化的指标？尝试设计这些指标的计算公式。

二、客户满意度与忠诚度的调查步骤

客户满意度和忠诚度调查是企业了解客户需求、改进产品和服务、提升客户体验的重要途径。通过系统、科学的调查步骤，企业可以全面了解客户的真实需求和期望，进而制定出有效的改进措施和策略，以提升客户满意度和忠诚度，增强市场竞争力。

客户的满意度与忠诚度的调查步骤在很大程度上具有相似性，都涵盖以下步骤：明确调查目的与目标、选择调查方法、准备调查工具、做好调查准备、开展调查工作、收集与整理调查数据、分析与解读调查数据、反馈调查结果。

1. 明确调查目的与目标

在启动任何调查前，首要任务是清晰地界定调查的目的和目标。这一步骤要求企业深入思考希望通过调查解决的具体问题，例如，是想了解客户对现有产品的满意度，还是探索提高服务效率的可能性。设定具体、可衡量的目标有助于后续步骤的规划和执行，确保调查工作的方向性和有效性。

2. 选择调查方法

根据调查目的的不同，企业可以选择多种调查方法。常见的方法包括以下4种。

（1）问卷调查：适用于大规模数据收集，可以是线上或线下形式。

（2）深度访谈：适合深入了解特定客户群体的详细反馈。

（3）焦点小组讨论：通过小组讨论的方式，收集关于某一话题的集体意见。

（4）网络分析：利用社交媒体和在线评论来获取客户观点。

选择方法时，应考虑目标受众的特点、所需数据的深度和广度，以及资源和时间限制等因素。

3. 准备调查工具

一旦确定了调查方法，接下来就要准备相应的调查工具。例如，对于问卷调查，需要设计调查问卷，确保问题的全面性和客观性；对于深度访谈，则需要准备访谈大纲，列出想要探讨的关键议题。

4. 做好调查准备

在正式开始调查前，还需完成一系列准备工作，包括但不限于以下 4 个方面。

（1）培训调查人员：确保所有参与调查的人员熟悉调查流程和技巧。

（2）分配调查资源：合理安排用于调查的人力、物力和财力资源。

（3）准备技术设备：确认所需的硬件和软件工具均处于良好状态。

（4）制定调查方案：形成切实可行的调查方案，准确指导调查工作正式开始后的具体环节。

5. 开展调查工作

此阶段涉及实际的调查操作，无论是发放问卷、进行电话访问，还是组织面对面的讨论会，都应严格按照既定方案执行，同时保持灵活性，以便应对突发情况。

6. 收集与整理调查数据

调查过程中与调查完成后，收集到的数据需要经过整理和分类，以便于后续分析。在数据整理过程中，应注意去除无效或不完整的回答，确保数据的质量和准确性。

7. 分析与解读调查数据

数据分析是调查的核心环节，它能帮助调查人员从数据中提取有价值的信息。常用的数据分析方法包括描述性统计分析、趋势分析、相关性分析等。通过对数据的深入挖掘，企业可以识别出客户满意度与忠诚度的驱动因素、存在的问题，以及改进的空间。

8. 反馈调查结果

调查结果应当及时反馈给企业的决策层及相关团队，作为制定改进措施和未来战略的基础。此外，向参与调查的客户通报结果，表达感谢并展示企业的改进承诺，也是提升客户忠诚度的有效方式。

课堂互动：

除了调查问卷、访谈大纲外，你还能想到哪些调查工具？与同学讨论并分享。

任务总结

　　客户满意度与忠诚度的调查是一个持续的过程，需要企业投入时间和资源，以系统化、科学化的方式进行。通过有效的调查，企业不仅能提升客户体验，还能在竞争激烈的市场中脱颖而出，建立长期稳定的客户关系。

任务三　运用 AI 技术提升客户满意度与忠诚度

　　在竞争日益激烈的市场环境中，提升客户满意度与忠诚度成为企业成功的关键因素。客户满意度和忠诚度不仅直接影响企业的销售和利润，还关系到企业的长期发展和市场地位。一般而言，企业主要通过合理管理客户感知与客户预期来提升客户满意度，通过赢得客户信任、提升企业价值、建立客户组织、加强客户联系和奖励客户忠诚等措施来提升客户忠诚度。

　　虽然 AI 技术已经深刻影响了客户服务管理领域，但提升客户满意度与忠诚度的思路并未发生太大变化。AI 技术所产生的影响更多地体现在提高工作效率与转变工作方式上。

情景模拟

　　B 公司是一家新兴的智能手机制造商，凭借其过硬的质量和优质的服务逐渐赢得了市场认可。在公司建立初期，B 公司曾建立并运营过一个活跃的客户论坛，通过这个论坛收集了大量客户反馈信息，这些信息成为公司改善产品和优化服务的重要参考。然而，随着时间的推移，B 公司发现论坛上的活跃用户逐渐减少，有价值的反馈也越来越少。B 公司的产品经理意识到，随着科学技术的进步和智能手机等产品的普及，传统的网络论坛已逐渐衰落，难以继续发挥收集客户需求信息的作用。为了解决这一问题，产品经理决定进行市场调查，以寻求新的解决方案。

　　经过详尽的市场调查，产品经理发现 AI 技术在客户互动和数据收集方面具有巨大潜力。于是，产品经理向公司管理层建议将 AI 技术应用于客户关系管理中，这一建议得到了公司管理层的肯定。很快，B 公司设计了一个基于 AI 技术的客户交流群。该交流群的核心是内置的 AI 机器人，具备实时答疑、智能数据收集、个性化互动、持续联系等功能，能够智能生成客户满意度与忠诚度报告，为公司提升满意度与忠诚度提供了有力支持。

　　通过引入 AI 技术，B 公司用另一种形式重振了客户论坛。

　　思考：

　　1. B 公司为什么始终对建立客户论坛这项工作保持重视？

　　2. 为什么 B 公司要为交流群中的 AI 机器人设置实时答疑、智能数据收集、个性化互动、持续联系等功能？为什么不是别的功能？

　　3. 你认为 AI 技术可以在哪些方面发挥提升客户满意度与忠诚度的作用？

　　先思考以上问题，完成任务三的学习后，再回答以上问题。

一、智能生成调查报告

无论是客户满意度报告还是客户忠诚度报告，通常都包含调查时间、调查范围、调查对象、调查方式、调查步骤、资料统计、数据分析、调查结果、改进建议等内容。传统方法中，数据收集、数据分析、报告撰写等工作都由人工进行，存在效率低、成本高、数据处理时间长等弊端。

无论是提升客户满意度还是客户忠诚度，相关调查报告都是后续工作决策的重要依据。在项目四中，已经介绍了如何使用 AI 技术收集、分析客户信息，接下来将介绍如何基于已经收集到的客户信息，使用 AI 工具生成调查报告。

1. 工作思路

运用 AI 技术生成调查报告的核心思路在于自动化数据处理和深度分析。首先，AI 能够快速筛选和整理大量原始数据，减少人为错误，缩短处理时间。其次，通过机器学习算法，AI 可以识别数据中的规律和趋势，进行更深入的数据分析，从而揭示客户行为背后的原因。最后，利用自然语言生成技术，AI 能够将分析结果转化为清晰、有洞察力的报告文本，极大地提高了输出报告的质量和效率。

2. 工具选择

在生成调查报告的过程中，数据收集、数据分析、报告撰写等工作都可以借助 AI 工具完成。关于数据收集与数据分析，项目四中已经做了详细介绍，此处不再赘述，下面将主要介绍可以在报告撰写环节发挥作用的 AI 工具。

（1）智能客服系统

主流的智能客服系统都具备数据收集、分析与处理功能，企业可以部署智能客服系统，使用自动化报告生成功能，每月自动生成客户满意度、忠诚度调查报告。图 5-1 所示为某智能客服系统的功能介绍。

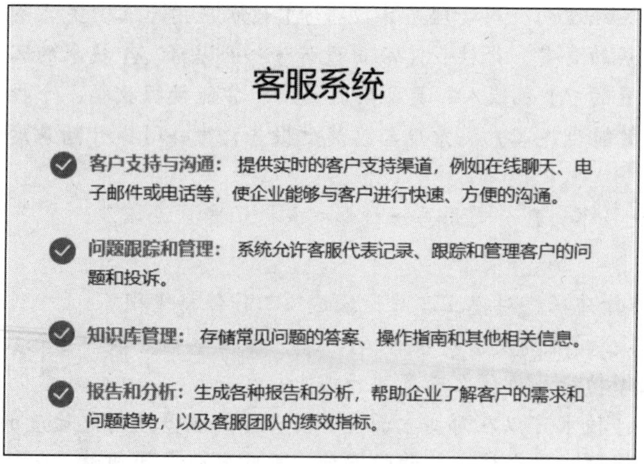

图 5-1 某智能客服系统的功能介绍

（2）生成式 AI

　　基于自然语言处理、深度学习等技术的生成式 AI，能够在理解复杂文本的基础上生成高质量的报告内容。它们能够根据已有的数据和信息，撰写出既有深度又符合语境的分析报告，进一步丰富报告的内容和视角。常见的生成式 AI 有 DeepSeek、文心一言、通义等。

　　在使用生成式 AI 生成调查报告时，输入恰当的提示词与调查数据是重点。实际操作中，应在向生成式 AI 提问前上传详细的调查数据，并输入精心设计的提示词。图 5-2 至图 5-4 所示为使用 DeepSeek 生成调查报告的过程。

图 5-2　输入提示词

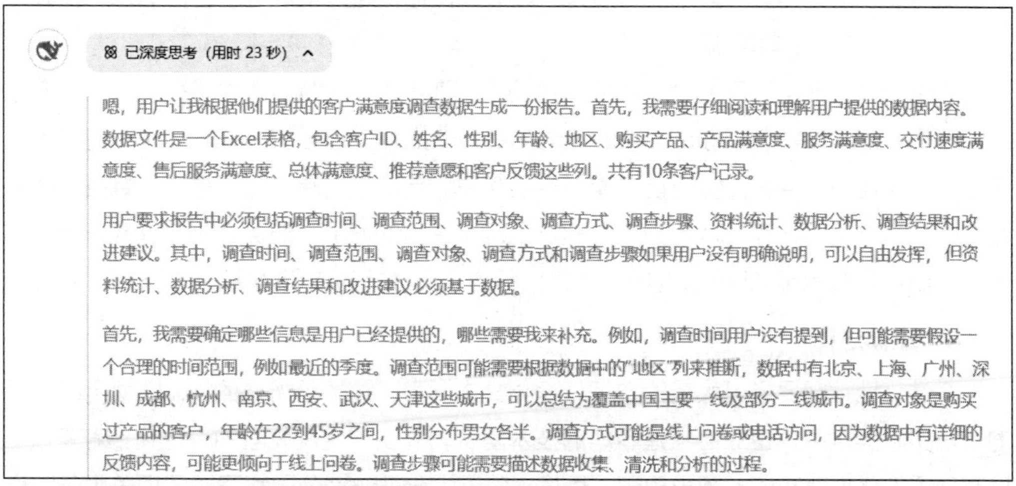

图 5-3　DeepSeek 深度思考过程（部分）

已深度思考（用时 23 秒）

客户满意度调查报告

（基于2023年第三季度数据）

一、调查基本信息

1. **调查时间**：2023年7月1日—2023年9月30日
2. **调查范围**：覆盖北京、上海、广州、深圳等中国10个主要城市
3. **调查对象**：
   - 年龄分布：22～45岁（平均年龄30.1岁）
   - 性别分布：男性5人（50%），女性5人（50%）
   - 客户类型：近3个月内购买电子产品的消费者
4. **调查方式**：线上问卷
5. **调查步骤**：
   - 数据收集：通过邮件推送问卷链接，回收有效样本10份
   - 数据清洗：剔除无效及重复数据
   - 数据分析：使用Excel进行满意度评分统计与文本反馈归类

图 5-4　DeepSeek 回答（部分）

需要注意的是，在实际操作中，以下示例中的提示词、具体数据、具体要求等内容需根据企业实际情况进行调整。AI 生成的结果并非完全准确，企业相关人员需根据 AI 生成的结果及企业具体要求进行适当调整。

课堂互动：

你觉得使用生成式 AI 生成调查报告时，提示词需要包括哪些关键信息？与同学交流讨论。

二、自动进行个性化推荐

个性化推荐是指根据客户的历史行为、兴趣、偏好和需求，通过数据分析，为客户提供量身定制的产品、服务或内容建议。其核心目标是通过精准匹配客户需求，提升客户体验，增强客户的满意度和忠诚度。

凭借强大的数据处理能力，AI 能够迅速分析海量用户数据，精准捕捉用户的历史行为、兴趣、偏好和需求。同时，AI 的自动化能力使推荐过程更加高效，大大减轻了人工客服的工作压力。再者，AI 还能多渠道整合信息，无论是云端数据还是本地数据，都能被有效整合并用于推荐，从而为用户提供高度个性化的产品、服务或内容建议。

下面将介绍运用 AI 技术进行个性化推荐的工具选择与应用场景。

1. 工具选择

个性化推荐需要经过大量的数据处理与文本学习，这不是普通的 AI 模型可以完成的。在实际操作中，企业会组建专门的技术团队，开发或定制先进的个性化推荐系统，以实现个性化推荐功能。阿里巴巴、百度、腾讯、亚马逊等公司都开发了相关服务，可供一般企业选择与定制。

图 5-5 所示为阿里巴巴开发的智能推荐系统基本介绍, 图 5-6 至图 5-8 所示为阿里巴巴开发的智能推荐系统的 3 种服务模式介绍。

图 5-5　阿里巴巴开发的智能推荐系统基本介绍

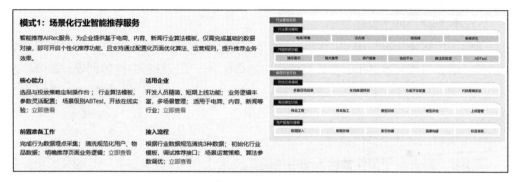

图 5-6　智能推荐系统服务模式 1 介绍

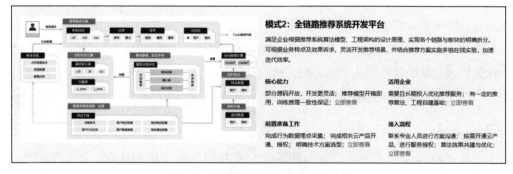

图 5-7　智能推荐系统服务模式 2 介绍

图 5-8　智能推荐系统服务模式 3 介绍

2. 应用场景

个性化推荐有广泛的应用场景，下面介绍 4 种常见的个性化推荐应用场景。

（1）电商平台的个性化推荐

在电商领域，企业可以利用 AI 技术来分析客户的浏览历史、购买记录、搜索关键词和其他交互数据，为每个客户创建详细的个人档案。基于这些信息，系统使用协同过滤和基于内容的推荐算法来预测客户可能感兴趣的商品。此外，企业还可以考虑季节、库存状态和促销活动等因素，提供更精准的推荐。

（2）音乐平台的个性化推荐

基于 AI 的个性化推荐系统，某音乐平台开发了"每周音乐推荐""今日歌单"等功能。系统通过分析客户的收听习惯、歌曲评分、跳过率等数据，使用深度学习算法来识别客户的音乐品位，并每周更新推荐列表，确保客户能够听到符合个人喜好的新歌曲。

（3）影视平台的个性化推荐

某影视流媒体平台利用 AI 技术，通过分析客户的观看历史、评分、搜索行为及观看时长，结合内容元数据和客户集群分析，为每位客户生成独特的推荐列表。此外，该平台还利用 AI 来预测客户对特定类型或导演作品的兴趣，从而优化其原创内容的生产策略。

（4）美妆品牌的个性化推荐

某美妆品牌在电子邮件营销活动中使用了预测分析，轻松跟踪客户的购买历史，然后根据购买日期计算出产品快用完的时间，并在产品即将用完时通过电子邮件向客户发送该产品的特价链接。此外，他们会在电子邮件中重点推荐互补产品，这种方法能确保客户对品牌保持良好的满意度和忠诚度。

通过上述案例可以看出，AI 技术在个性化推荐中的应用已较为成熟，不仅能提升客户体验，还能帮助企业优化资源分配，增强市场竞争力。未来，随着 AI 技术的不断演进，个性化推荐系统将变得更加智能、高效和人性化。

课堂互动：

你收到过来自企业的个性化推荐吗？推荐的内容你感兴趣吗？与同学分享交流。

三、加强与客户的联系

为了提升客户满意度与忠诚度这一目标，企业需要与客户保持紧密的联系，深入了解他们的需求和期望，并及时响应和解决他们的问题。通过加强与客户的联系，企业不仅能提供更加精准和个性化的服务，还能进一步巩固客户对企业的信任，从而提升他们的满意度，并逐渐将其转化为长期的忠诚客户。

为了更有效地实现与客户的紧密联系，企业应积极探索新的方法和策略。企业可以利用 AI 技术定期对客户进行回访，或者建立基于 AI 技术的客户组织。这些举措充分利用了 AI 技术的优势，具有很强的前瞻性，可以显著优化客户服务体验，提升企业的竞争力。

1. 定期自动回访

（1）工作思路

定期自动回访是加强与客户联系的重要手段。借助先进的 AI 技术，企业可以轻松地设定自动回访机制，确保在关键时刻与客户保持沟通。同时，这种定期的回访也为企业提供了宝贵的反馈渠道，有助于企业及时了解客户的意见和建议，从而有针对性地改进产品或服务。

例如，在客户的生日或重要节日，系统可以自动发送温馨的祝福信息和感谢信，让客户感受到企业的关怀与尊重；当客户确认收货一段时间后，企业可以通过回访系统自动拨打客户电话，询问客户的使用情况或征求建议；在企业周年庆、新品上市等特殊时间段，企业可通过回访系统自动向老客户发放福利或推荐新品。

（2）工具选择

普通的 AI 大模型工具难以实现自动回访功能。企业可以采购或自建智能客服系统，并在智能客服系统中集成自动回访模块。图 5-9 所示为某企业外呼回访系统简介。

图 5-9　某企业外呼回访系统简介

（3）注意事项

在实施定期自动回访时，企业应着重关注以下 4 个关键方面。

① 回访时间的合理性。虽然企业可以通过 AI 技术实现不限时间、频率的自动回访，但在实际操作中应精心选择回访的时间段与频率，以避免对客户造成困扰。

② 回访内容的个性化。虽然是自动回访，但内容应避免过于机械化。利用 AI 技术，企业可以根据客户的购买历史、偏好等信息，定制个性化的回访内容，让客户感受到企

业的关心。

③ 保护客户隐私。在进行自动回访时，企业必须确保客户的隐私得到充分保护，不泄露客户的任何个人信息，包括但不限于联系方式、购买记录等。

④ 反馈的及时处理。自动回访不仅是为了保持与客户的联系，更重要的是收集客户的意见和建议。企业应确保有专门的团队负责处理这些反馈，及时调整产品或服务，以满足客户的需求。

2. 建立客户组织

建立客户组织也是一个值得推荐的方法。企业可以建立客户关系群，并配备 AI 助手，让 AI 助手完成自动回复、定时发布、自动推荐、特别提醒等功能，提升客户体验。在这些社群中，客户可以自由地分享使用心得、提出疑问或建议，而团队则可以迅速回应，提供专业的解答和支持。得益于 AI 技术的加持，企业可以以较少的人力实现对多社群的高效管理。这种实时的互动不仅能够增强客户之间的联系，还能加深他们对企业的认同感和归属感，将客户逐渐转化为忠诚客户。

飞书、钉钉、企业微信等平台不仅可以用于企业管理，还可用于客户组织管理。随着 AI 技术的发展，这些平台都陆续上线了 AI 助手功能，并且还支持通过 API 管理接入企业自主定制的 AI 工具。另外，企业也可以选择自主开发专属的客户组织工具，为客户打造专属的互动交流空间。

图 5-10 所示为飞书平台添加机器人窗口，图 5-11 所示为钉钉平台添加 AI 助理窗口，图 5-12 所示为企业微信创建或接入应用窗口。企业应聘请或培养相关技术人员，请其在客户组织中添加 AI 应用，让 AI 为客户管理赋能。

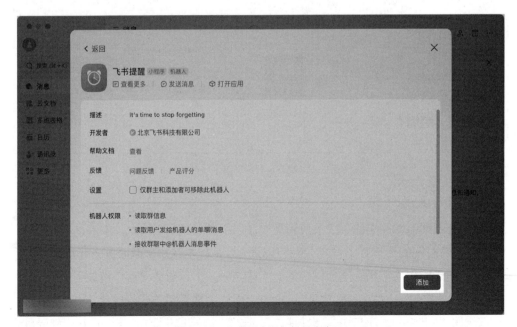

图 5-10　飞书平台添加机器人窗口

移动端钉钉

PC 端钉钉

图 5-11　钉钉平台添加 AI 助理窗口

图 5-12　企业微信创建或接入应用窗口

在建设客户组织时，企业应着重关注以下几个关键方面。

（1）确保 AI 助手保持良好状态

这不仅要求企业确保 AI 助手能够全天候待机，实现实时回复，还要求企业不断对 AI 助手进行规范，无论是各平台官方 AI 助手，还是企业自主接入的 AI 助手，都要确保其内容识别与输出的准确性，避免回复错误、敏感或涉密的信息。

（2）确保群组的活跃度和秩序

企业要设立明确的群规，避免无意义的灌水或广告信息的干扰，确保群组内的交流质量。

（3）定期发布高质量的内容

高质量的内容可以包括产品更新信息、使用技巧分享等，旨在提供有价值的信息，保持群组的吸引力和活跃度。

（4）鼓励客户的积极参与

通过举办线上活动、引导话题讨论等方式，激发客户的参与感和归属感，让他们真正感受到自己是企业大家庭中的一员。

四、优化产品与服务设计

使用 AI 技术优化产品设计是一个极具前景的应用方向。通过 AI 技术，企业能够更深入地洞察消费者的内在需求，进而根据这些需求，量身定制出符合市场预期的产品。换言之，企业研发团队只有准确把握并理解客户的期望，才能有效地解决他们的核心痛点。

1. 工作思路

首先，数据收集是这一切工作的基础。企业需要广泛而深入地收集各类客户数据，这包括但不限于客户在平台上的行为数据、提供的宝贵反馈，以及在社交媒体上的公开评论等。这些数据就像是一座金矿，蕴藏着客户真实的偏好、所面临的痛点，以及尚未被满足的潜在需求。

通过 AI 的高级数据挖掘技术和机器学习算法，企业能够对这些数据进行细致入微的分析。例如，AI 可以通过对历史数据的深度学习，训练出能够预测未来客户需求和市场趋势的模型。想象一下，通过分析客户的搜索模式、购买历史以及他们在社交媒体上热议的话题，AI 技术能够帮助企业预见哪些产品特性或功能将在未来受到客户的热烈追捧，从而让企业能够提前规划产品的迭代和升级路径。

另外，AI 技术在产品持续改进方面也发挥着不可或缺的作用。通过实时监控客户的反馈和产品使用情况，AI 能够快速而准确地识别出产品中存在的问题和不足之处，并提供有针对性的优化建议。

2. 工具选择

要实现上述工作思路，企业需要自研或采购一系列功能强大的 AI 工具或系统。这些工具或系统既能全渠道接收与分析客户反馈信息，又能进行高效准确的数据分析，同时，还能理解客户情感、做出合理预测与推荐。

以沃尔玛公司提出的创新解决方案——"重新构想零售"为例。该项目充分利用了 AI 在数据挖掘与分析方面的优势。沃尔玛团队借助 AI 技术，不仅及时捕捉到了行业的最新动态，还深入评估了客户对产品的反馈。此外，该项目还利用 AI 技术对颜色、图案、设计风格及产品轮廓等关键元素进行了精准识别，从而在极短的时间内完成了对海量视觉与文本数据的处理与分析。

该项目的另一大亮点在于，他们与设计师紧密合作，将 AI 分析的结果融入新一季的产品设计中。在此过程中，深度学习、计算机视觉及自然语言处理等技术发挥了至关重要的作用，极大地提升了产品设计的创新性与市场适应性。沃尔玛的这一实践不仅展示了 AI 在产品创新中的巨大潜力，还为相关行业提供了有益的参考与借鉴。

图 5-13 所示为沃尔玛"重新构想零售"方案简介。

可以预见的是，通过巧妙地运用 AI 技术来优化产品设计，企业不仅可以显著提升产品的竞争力，还能更深入地满足客户的个性化需求，从而大大提升他们的满意度和忠诚度。

We're here to help retailers:
我们随时为零售商提供帮助：

Deliver innovative customer experiences
提供创新的客户体验

Operate more efficiently with scalable technologies
利用可扩展的技术更高效地运营

Accelerate growth by reaching customers in new ways
通过以新方式接触客户来加速增长

Checkout Experiences 结账体验

Quick launch new checkout experiences, improve deployment agility, and reduce point of sale complexity.

快速推出新的结账体验，提高部署敏捷性，并降低销售点复杂性。

Omni-Retail Tech 全零售科技

Power integrated curbside pickup and delivery experiences for employees and customers using customizable technologies.

使用可定制技术为员工和客户提供集成的路边取货和送货体验。

Retail Intelligence 零售智能

Accelerate your AI efforts by leveraging our machine learning models to improve inventory forecasting, pricing and personalize your customer's shopping experiences.

利用我们的机器学习模型来改进库存预测、定价并个性化客户的购物体验，从而加速您的人工智能工作。

图 5-13　沃尔玛"重新构想零售"方案简介

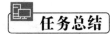

任务总结

运用 AI 技术提升客户满意度与忠诚度主要体现在智能生成调查报告、自动个性化推荐、加强与客户的互动联系以及优化产品与服务设计等方面。整体而言，AI 技术不仅提高了效率和精度，还显著优化了客户服务体验并增强了产品竞争力。

【同步实训】

实训　使用 AI 工具生成用户体验地图

1. 实训目的

（1）理解用户体验地图的概念与作用。

（2）进一步提升 AI 提示词的编写能力，并掌握与 AI 进行多轮对话的技巧。

（3）理解并熟悉使用 AI 工具生成用户体验地图的思路与步骤。

2. 实训背景

小敏是一家刚开业半年的中餐厅的经理。餐厅开业以来，效益一直欠佳，小敏与管理人员多次召开会议，提出了各种改进方案，但餐厅的业绩始终没有明显改善。

一次，小敏向她的人生导师林教授请教："我们经常做客户调研，并根据客户的反馈不断调整服务，但怎么就没效果呢？"

林教授听完后问道："根据你们的客户调研，客户都对哪些方面表达了不满？"

小敏回答道："餐厅预订、现场接待、菜品口味、菜品样式、价格……好像每个方面都有人不满意。"

林教授微笑道："我已经知道原因了。客户在多个方面反馈过不满，但你们的调整都是局部的。客户说头痛，你们就医头；客户说腿痛，你们就医腿，没有从全局考虑问题。"小敏听后豁然开朗："原来如此，看来我需要做一份详细的用户体验地图了！"

林教授夸赞道："真聪明！不过我要提醒你，现在 AI 技术发展得很快，你们可不要落伍。"

3. 实训要求

认真阅读实训目的与实训背景，发挥主观能动性，完成以下任务。

（1）授课老师在实训开始前向学生介绍用户体验地图的概念与重要性。

（2）授课老师公布需要分析的情景：中餐厅客户从预订到完成用餐的全过程。

（3）授课老师提前准备一份利用 AI 工具生成用户体验地图的提示词模板，并在课堂上向学生公布，同时讲解该提示词模板的结构与撰写思路。

（4）授课老师将学生分成若干个 3~5 人的小组，要求以小组合作的形式完成此次实训。

（5）授课老师指定以上任务的汇报时间与方式。

（6）各小组在模板的基础上重新设计提示词，并在 AI 工具上进行实际操作，根据结果不断优化和调整提示词。

（7）授课老师组织各小组汇报结果。各小组现场上机操作演示，验证提示词的有效性。

（8）授课老师引导学生自由发言，分享提示词创作的经验心得。发言结束后，由授课老师进行实训总结。

 【拓展延伸】

美国顾客满意度指数模型

美国顾客满意度指数（American Customer Satisfaction Index，ACSI）模型是一种衡量经济产出质量的宏观指标。它基于产品和服务消费的过程，对顾客满意度水平进行综合评价。ACSI 模型由 Fornell 等人在瑞典顾客满意指数（Sweden Customer Satisfaction Barometer，SCSB）的基础上创建而成，是目前在体系完整性、应用效果上表现突出的国家顾客满意度理论模型之一。该模型包含国家整体满意度指数、部门满意度指数、行业满意度指数和企业满意度指数 4 个层次。

ACSI 模型的核心是 6 个结构变量，具体如表 5-2 所示。

表 5-2 ACSI 模型的 6 个结构变量

序号	结构变量	具体说明
1	顾客预期	顾客在购买和使用产品或服务前对其质量的估计
2	感知质量	顾客在使用产品或服务后对其质量的实际感受评价
3	感知价值	顾客在综合产品或服务的质量和价格后对其所得利益的主观感受
4	顾客满意度	通过计量经济学方法计算得到的顾客满意度指数，主要取决于顾客实际感受与预期质量的比较结果
5	顾客抱怨	顾客的正式或非正式抱怨行为
6	顾客忠诚	顾客重复购买的可能性以及对价格变化的承受能力

ACSI 模型的优势在于能够进行跨行业和纵向跨时间段的比较，成为美国经济的晴雨表。它是一个有效的管理工具，能够帮助企业与竞争对手进行比较，评估竞争地位。然而，ACSI 模型的缺点也很明显，它主要用于监测宏观经济运行状况，而非针对具体企业进行诊断指导。因此，在微观层面的具体企业满意度调查中，该模型很少使用。

【项目总结】

本项目的项目总结如图 5-14 所示。

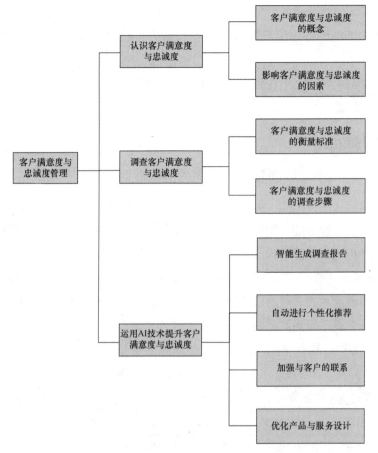

图 5-14　项目总结

课后思考

1. 简述影响客户满意度与忠诚度的因素。

2. 说说客户满意度与忠诚度的衡量标准。

3. 将客户满意度与忠诚度的调查步骤以流程图的形式绘制出来。

4. 回想自己接触过的会员系统，如理发店的会员系统、餐厅的会员系统等，你认为这种会员系统对于提升客户忠诚度是否有效？如果让你设计某零食店的会员系统，你会如何设计？请合理利用 AI 工具，完成一份设计方案。

PART 06

项目六
客户投诉管理

 【项目导读】

  面对中国移动和中国联通等运营商对提高用户投诉服务质量和响应速度的需求，诺基亚贝尔精准把握行业趋势，开发出一套智能投诉管理系统。该系统借助大数据和 AI 技术，为运营商构建了一套从事前预警到事后挖掘的全方位支撑体系，显著提升了用户投诉处理的智能化水平。

  该系统的核心创新在于引入了异常事件 AI 预处理功能，该功能能够快速对投诉用户的异常事件进行故障判断，并向一线客服提供秒级响应和话术导航，大大提高了客服处理的准确性和效率。同时，系统还能自动关联各种数据源，结合专家经验库和 AI 算法，精准界定用户投诉问题，及时发出预警，并进行闭环验证与聚合分析。

  这一智能投诉管理系统已在全国多家运营商中得到广泛应用，并取得了显著成效。在某北方大省的应用案例中，投诉工单数量单月下降了 30% 以上，网络问题万投比考核排名跻身全国前五。同时，投诉排障工单的平均处理时间也从 36 小时大幅缩短至 16 小时，显著提升了用户满意度。

  诺基亚贝尔的智能投诉管理系统不仅优化了运营商的客户服务流程，还通过技术创新提升了用户体验，成为行业内的经典案例。

 【学习目标】

知识目标
- ➤ 了解客户投诉的概念，熟悉客户投诉的类型。
- ➤ 理解客户投诉对企业的影响。
- ➤ 熟悉处理客户投诉的原则，掌握处理客户投诉的技巧。
- ➤ 熟悉处理客户投诉的步骤。
- ➤ 理解 AI 技术如何在处理客户投诉上发挥作用。

素养目标
- ➤ 践行社会主义核心价值观，树立平等意识、公正意识，培养敬业精神、诚信精神。
- ➤ 培养情绪识别、情绪控制能力，强化服务意识。
- ➤ 激发对前沿科技的探索欲望，培养持续学习的意识。

处理客户投诉的艺术在于将每一次不满转化为未来的满意。

任务一　认识客户投诉

 **情景模拟**

情景一

小韩急匆匆地跑进一家超市的特价产品区域，发现想要的某款产品已经卖完了，于是把服务员喊过来，开始抱怨："你们超市怎么回事，每次有特价产品，我一来就卖完了！你们是不是虚假宣传？"

服务人员解释道："很抱歉让您白跑一趟，先生。您要的这款产品实在太火爆了，我们已经和厂家报了加急送货，但最快也要明天才能到。您可否留个联系方式，货到了我会马上通知您！"

小韩听完，也不好再多说什么，留下联系方式后便匆匆离开了。

情景二

叶女士从小区附近的商场购买了一份生日蛋糕，准备给小女儿过生日。分蛋糕时，大女儿忽然惊呼："这蛋糕里面有虫子！"叶女士一看，蛋糕里确实有疑似虫子的物体，她顿时火冒三丈，立即带着蛋糕来到商场客服中心投诉。叶女士表示，自己买完蛋糕后就没有打开过，所以虫子绝不可能是后来才出现的，一定是商场的蛋糕有质量问题！叶女士认为，有质量问题的蛋糕破坏了小女儿的生日气氛还是小事，要是小女儿吃了蛋糕出现健康问题那就麻烦了。因此，叶女士在商场与客服人员争论了很久，拒不接受道歉。直到第二天，客服人员再次打电话致歉时，她才冷静下来。

思考：

1. 小韩与叶女士分别因为什么问题进行投诉？

2. 小韩与叶女士的投诉是一种类型吗？

3. 你还知道哪些投诉类型？

4. 类似小韩与叶女士的投诉，会给企业带来哪些影响？

先思考以上问题，完成任务一的学习后，再回答以上问题。

一、客户投诉的概念

客户投诉是指客户对所购买或使用的产品、服务感到不满意，进而通过书面或口头形式向产品或服务的供应商或相关监管机构表达不满、提出抗议、索求赔偿及要求解决问题等行为。

客户投诉不仅涉及客户对产品或服务本身的质量、功能、性能等方面的抱怨，还可能包括对产品或服务的价格、企业诚信等方面的意见。

二、客户投诉的类型

了解客户投诉的类型有助于企业更好地识别和处理问题，从而提升客户满意度和忠诚度。客户投诉可以根据不同的标准进行分类，主要包括按投诉原因、投诉行为和诉求事实划分。

1. 按投诉原因划分

（1）产品质量投诉

客户因产品存在质量问题而提出投诉。这些问题可能包括产品故障、功能缺陷、使用寿命短等。例如，客户购买的家电产品无法正常工作，或者购买的服装出现脱线、褪色等问题。

（2）服务质量投诉

客户对服务过程中遇到的问题提出投诉。这些问题可能涉及服务态度、服务效率、服务流程等。例如，客户在餐厅用餐时遇到服务员态度恶劣，或者在办事大厅等待时间过长。

（3）价格投诉

客户对产品或服务的价格不满而提出投诉。这些不满可能来源于价格过高、价格不透明或价格变动频繁等。例如，客户发现，同一产品在不同销售渠道的价格差异较大，或者首发活动结束后产品价格突然大幅下降。

（4）诚信投诉

客户因企业不诚信行为而提出投诉。这些行为可能包括虚假宣传、隐瞒重要信息、违背承诺等。例如，客户发现，企业承诺的赠品需满足特定条件才能获取，或者企业承诺的免费退换货服务未能履行。

2. 按投诉行为划分

（1）消极抱怨型投诉

客户简单表达不满，没有明确的解决方案需求，通常是希望通过抱怨来发泄情绪。例如，客户在社交媒体上轻描淡写地提到产品或服务的问题，但未提出正式诉求。

（2）负面宣传型投诉

客户通过公开渠道表达不满，意图对企业造成负面影响。例如，客户在各大社交媒体平台、新闻、报纸上曝光企业问题，希望通过这种方式给企业施压以解决问题。

（3）愤怒发泄型投诉

客户以激烈的情绪表达不满，主要目的是发泄情绪而非解决问题。例如，客户在门店或电话中大声斥责服务人员，表达对产品或服务的不满。

（4）极端激进型投诉

客户采取极端行为表达不满，可能对企业或其他客户造成实际伤害。例如，客户因对产品或服务极度不满而损坏企业财产、伤害企业员工等。

3. 按诉求内容划分

（1）一般投诉

客户提出的问题在合理范围内，企业可通过常规途径解决。例如，客户反馈的产品包装上的小问题或服务上的轻微瑕疵，企业可以通过换货、维修或改进服务流程等方式解决。

（2）无效投诉

客户的投诉缺乏事实依据，或者客户提出的要求不合理。例如，客户认为产品功能不符合个人预期，但实际上符合产品说明。

（3）重大投诉

重大投诉涉及严重的产品缺陷、服务失误或诚信问题，可能对企业造成重大影响。例如，客户发现产品存在严重安全隐患，或者服务过程中出现重大失误导致客户财产或人身受损。

课堂互动：

你是否有过投诉行为？你当时的投诉属于哪种类型的投诉？与同学交流讨论。

三、客户投诉对企业的影响

客户投诉是企业运营过程中不可避免的一部分，它像一面镜子，既反射出企业运营中的不足，又为企业提供了改进和优化的契机。客户投诉给企业带来的影响具有双重性，既有正面影响，又有负面影响。

1. 正面影响

（1）改进产品与服务质量

客户投诉往往直接指向产品或服务中的具体问题，如功能缺陷、使用不便、质量不达标、服务流程欠佳等。这些宝贵的反馈实际上为企业指明了改进的方向。通过深入分析这些问题的根源，企业可以有针对性地提升产品或服务的质量，从而更好地满足市场需求，提升客户满意度。

（2）改进企业内部管理

客户投诉不仅关乎产品或服务本身，还可能暴露出企业内部管理流程的疏漏或不足。这些投诉不仅让企业有机会审视并优化自身的业务流程，还有助于提高服务效率，甚至推动组织结构的改革。

（3）增强客户忠诚度

当企业以积极的态度响应客户投诉，并妥善解决问题时，这种诚意和努力往往会赢得客户的认可和信任。一个满意的投诉处理过程不仅能够挽回即将失去的客户，还可能将他们转化为企业的忠实客户。

（4）提升品牌形象

公开、透明地处理客户投诉，并积极展示企业的改进措施，有助于塑造企业负责任、以客户为中心的良好形象。在竞争激烈的市场环境中，这种正面形象无疑具有重要的价值，能够吸引更多潜在客户的关注。

（5）规避潜在风险

客户投诉有时还能揭示出产品或服务中潜在的安全隐患或合规问题。及时识别并解决这些问题，可以帮助企业规避可能的法律风险或市场危机。

2. 负面影响

（1）消耗企业资源

处理客户投诉需要投入大量的人力、物力和时间资源，这会增加企业的运营成本。特别是在投诉量较大或问题复杂时，这种资源消耗会更为明显。

（2）损害企业声誉

如果客户的投诉得不到及时有效的处理，或者处理结果不能令客户满意，那么企业的声誉可能会受到严重损害。在社交媒体高度发达的今天，一个不满意的客户若通过网络平台传播其不满情绪，便可能会迅速对企业形象造成重大负面影响。

（3）导致客户流失

持续或未能妥善解决的客户投诉可能导致客户对企业的信任度大幅下降，进而选择转向竞争对手。客户的流失不仅意味着直接的收入损失，还可能影响企业的市场份额和长期竞争力。

（4）造成内部压力

大量的客户投诉会给企业的员工，尤其是客户服务团队带来巨大的工作压力。如果这种压力得不到有效的管理和缓解，可能会影响员工的工作效率和士气，甚至导致人才流失。

📚 **课堂互动：**

你认为客户投诉的负面影响有可能完全消除吗？为什么？

 任务总结

客户投诉具有多样的类型和双面的影响。妥善处理客户投诉有助于企业提升运营质量，稳固客户关系，增强自身实力。

任务二　处理客户投诉

客户投诉的影响具有双面性，但企业不能因为客户投诉存在正面影响，就忽视对客户投诉的处理。相反，企业应当对客户投诉保持高度重视，遵循正确的原则，运用恰当的技巧，通过合理的步骤处理客户投诉。

**情景模拟**

一个寒冷的冬天，一对夫妻拖着沉重的行李箱，领着一名四五岁大的小女孩来到了某酒店。他们预订了一套普通档次的家庭套房，但由于套房数量偏少，且此时办理入住的客人较多，因此这家人等待了很久。20分钟过去了，酒店前台一直忙于为其他客人办理入住，忽视了与这家人的沟通，语气也略显生硬。小女孩的父亲按捺不住心中的怒火，开始与酒店前台争吵，声音越来越大。

好在酒店经理及时发现，迅速赶来解决了问题。他先是向这家人表达了诚挚的歉意，并给了那位男士充分表达不满的时间，等那位男士情绪稳定后，他才礼貌地说道："我们已经为您与您的家人升级了高级档次的家庭套房，我马上带您去房间。另外，我们还会赠送您一张五折优惠券，下次您在任何城市入住我们品牌的酒店，都可以享受到优惠。"那位男士不好再发火，只好表示："你们应该对入住高峰期有所预判，提前安排更多的服务人员在前台处理业务，避免此类事情再次发生。"酒店经理欣然接受了建议，并对那位男士表示了感谢。

思考：

1. 酒店经理的处理体现了哪些原则？

2. 酒店经理在处理客户投诉时运用了哪些技巧？

3. 你还知道哪些处理客户投诉的原则与技巧？

先思考以上问题，完成任务二的学习后，再回答以上问题。

一、处理客户投诉的原则

正确处理客户投诉，不仅能够维护企业的声誉，还能提升客户满意度，进而增强企业的竞争力。以下是处理客户投诉时需要遵循的 7 个原则。

1. 合理合法

企业应了解并遵循国家和地方的法律法规，确保在处理客户投诉时不仅合乎事实、常理，还符合法律法规、行业标准以及企业内部相关规定的要求。

2. 公平公正

企业在处理投诉时应秉持公平公正的态度，对所有客户一视同仁，不因客户的背景、身份或投诉内容的不同而有所偏袒。

3. 尊重事实

企业在接到客户投诉后，应避免主观臆断和偏听偏信，详细调查和核实投诉内容，收集相关证据，确保所有处理决策基于事实和证据。

4. 快速响应

企业应建立高效的投诉处理机制，确保在最短时间内响应和处理客户的投诉，减少客户等待的时间。

5. 及时反馈

企业在处理客户投诉时，应与客户保持良好的沟通，及时告知客户处理的进展和结果，确保客户了解投诉的处理状态，避免因信息不透明导致客户不满。

6. 双赢互利

企业在处理客户投诉时，不仅要考虑客户的需求和期望，还要兼顾企业的利益。企业应通过友好沟通与协商，寻求双方都能接受的解决方案，实现客户满意和企业利益的平衡。

7. 留档分析

企业应建立客户投诉记录和保管系统，对每一件投诉的处理过程和结果进行详细记录并妥善保管。企业可以通过定期复盘分析投诉数据，发现共性问题和潜在风险，提出改进措施，提升整体服务水平。

课堂互动：

　　你知道哪些因为妥善处理客户投诉而实现企业与客户双赢的事例？与同学交流分享。

二、处理客户投诉的技巧

处理客户投诉不仅需要遵循一定的原则，还需要掌握一些技巧。以下是处理客户投诉的 7 个重要技巧。

1. 优先处理客户情感

在处理客户投诉时，企业方首先要关注并处理客户的情感，缓解他们的不满和愤怒。

客户在提出投诉时，往往带有强烈的情感，可能是愤怒、失望或焦虑。投诉处理人员应优先关注客户的情感，通过积极倾听、共情和安抚，缓解客户的不良情绪，创造良好的沟通氛围。

2. 主动致歉并承担责任

面对客户投诉时，企业方应主动致歉并承担相应责任，以体现企业的诚意和担当。

无论问题是否完全由企业引起，主动致歉都是一种有效的沟通策略。企业方应对客户的不便和困扰表示诚挚的歉意，承认错误或不足，并承担应有的责任。这不仅能平息客户的不满情绪，还能增强客户对企业的信任。

3. 提供适当的发泄空间

在处理客户投诉时，企业方应允许客户表达不满和意见，为他们提供适当的发泄空间。

客户在投诉时，需要一个表达不满和意见的渠道。投诉处理人员应耐心倾听客户的诉说，避免打断或反驳，让客户充分表达自己的情感和观点。这种做法不仅能缓解客户的情绪，还能帮助投诉处理人员更好地了解问题的根源。

4. 换位思考理解客户心理

处理客户投诉时，企业方应换位思考，站在客户的角度理解其心理和需求。

换位思考是理解客户情感和需求的重要技巧。投诉处理人员在处理投诉时，应设身处地地考虑客户的处境和感受，通过共情和理解，找到更合适的解决方案。这不仅有助于缓解客户的情绪，还能提升客户对企业的好感度和信任度。

5. 快速响应解决问题

客户投诉处理过程中，企业方应快速响应并及时解决问题，避免让客户等待过久。

快速响应和及时解决问题是提升客户满意度的关键。企业在接到客户投诉后，应迅速安排投诉处理人员与客户取得联系，了解具体情况，并立即采取行动解决问题。及时的投诉响应和有效的解决方案能够显著缓解客户的不满，增强客户对企业的信任。

6. 及时回访确认无误

在解决客户投诉后，企业方应及时进行回访，确认问题是否得到彻底解决。

及时回访是投诉处理过程中的重要环节。通过回访，企业可以确认问题是否得到彻底解决，以及客户对处理结果是否真正满意。同时，通过回访，企业还可以获取客户的反馈和建议，这不仅有助于提升客户满意度，还能帮助企业改进服务质量。

7. 巧用 AI 技术

在处理客户投诉时，企业可以巧妙地运用 AI 技术，构建起应对投诉的第一道防线。通过 AI 技术，企业可以设置一个智能客服系统，打造 AI 客服，自动识别并响应客户的投诉。对于简单、常见的问题，AI 客服能够提供即时的解答和解决方案，从而迅速解决客户的困扰。这种自动化的处理方式不仅提高了响应速度，还降低了人工处理成本。

同时，当 AI 客服遇到无法解决的问题时，它能够及时提醒人工客服接管处理。这种智能转接功能确保了复杂或特殊问题能够得到专业人员的及时关注和妥善解决。通过 AI 技术与人工服务的有机结合，企业能够更加高效地处理客户投诉，进一步提升客户满意度。

课堂互动：

　　在上述投诉处理技巧中，你觉得哪个技巧被使用得最频繁？你认为应该如何正确地运用这些技巧？

三、处理客户投诉的步骤

在处理客户投诉时，遵循一定的步骤能够确保问题得到有效解决，同时维护企业的形象。以下是处理客户投诉的详细步骤。

1. 接收投诉信息

企业应建立多种渠道接收客户投诉，包括线上渠道（如投诉热线、电子邮件、社交媒体、企业网站）和线下渠道（如投诉窗口、投诉信箱）。

在接收投诉的同时，接待人员应使用友善的语气和亲切的态度安抚客户的情绪，让客户感受到被重视和理解。这有助于建立信任，并为后续的沟通和处理打下良好的基础。

2. 初步分析评估

这一阶段主要是了解客户投诉的具体内容、原因和期望的解决方案。很多时候，通过简单的解释、道歉或提供适当的补偿，问题可以在这一阶段得到解决。对于复杂或严重的投诉，接待人员应记录详细信息，准备进一步调查。

3. 启动详细调查

对于复杂或严重的投诉，企业应指定专人或团队进行详细调查，收集相关证据和信息，全面了解问题的原因和背景。调查过程应透明、公正，避免偏见和主观臆断。

4. 多部门协作处理

调查清楚原因后，企业应立即为客户解决问题。对于原因复杂的投诉，可能需要多个部门共同协作处理。企业应建立跨部门的协调机制，确保各部门紧密配合，共同制定和实施解决方案，促使问题得到全面解决。

5. 形成处理报告

在投诉处理完成后，企业应形成详细的处理报告，记录投诉的具体内容、处理过程、涉及部门、采取的措施和最终结果。处理报告应全面、准确，为后续的分析和改进提供依据。企业应将处理报告妥善保管，形成资料库，以便随时查阅。

6. 后续跟踪维护

处理完客户投诉后，企业应及时回访客户，确认问题是否得到彻底解决，以及客户是否对处理结果满意。同时，建立长期的跟踪维护机制，定期与客户联系，防止类似问题再次发生，并收集客户关于改进企业产品或服务的宝贵建议或意见。

处理客户投诉是一个系统性、多层次的过程，需要企业各部门之间的紧密协作和高效沟通。企业应在实际操作中不断总结和优化处理流程，提升投诉处理的专业水平，实现客户与企业的双赢互利。图 6-1 所示为处理客户投诉的一般流程。

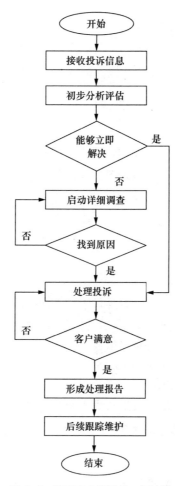

图 6-1　处理客户投诉的一般流程

 **任务总结**

处理客户投诉应注重系统性和高效性，应遵循原则、巧用技巧、规范步骤。

任务三　运用 AI 技术处理客户投诉

AI 以其自动化程度高、响应速度快、分析能力强等特点，已成为企业处理客户投诉的重要工具。

情景模拟

在科技飞速发展的时代，某电子产品公司决定引入 AI 技术以提升客户服务体验。公司定制了一款全天候响应的 AI 机器人，用以处理客户投诉。然而，由于研发投入不足，该 AI 机器人在实际使用中暴露了一些问题，导致客户的体验远未达到预期。

这款 AI 机器人虽然能够全天候响应客户投诉，但由于知识题库与回复话术设置得不够细致，AI 机器人在回应客户投诉时显得语气生硬、态度冷漠，多数情况下只能机械地重复"非常抱歉""请您理解"等语句，严重缺乏人情味。结果，AI 机器人非但没有提高投诉处理效率，反而加剧了客户的不满。

　　幸运的是，公司客服经理也发现了这一问题，他意识到如果不加以改善，公司的声誉必将受损。因此，他果断向公司管理层建议对 AI 机器人进行升级改造。

　　思考：

　　1. 如果你是该公司的客服经理，你会提出哪些改造升级建议？

　　2. 你认为除了全天候响应外，AI 技术还能在客户投诉处理领域发挥哪些作用？

　　3. 上述情景中提到了"知识题库"，你知道这里的知识题库指的是什么吗？它能发挥什么作用？

　　先思考以上问题，完成任务三的学习后，再回答以上问题。

一、AI 客服全天候响应

　　AI 客服的优势、核心技术与 AI 语音助手、AI 聊天助手类似，都是通过自然语言处理、机器学习、语音识别和数据分析等 AI 技术，实现全天候智能响应。

　　下面将重点介绍企业如何搭建与使用 AI 客服。

1. 企业搭建 AI 客服的步骤

　　（1）需求分析

　　企业需首先明确引入 AI 客服的目的和需求，例如处理哪些类型的客户问题，覆盖哪些服务领域。

　　（2）选择搭建方式

　　若条件允许，资金充足，企业可自主研发 AI 大模型，配置 AI 客服。这样做的好处是企业可获得完全的控制权，自主决定 AI 客服的功能，使其更贴切企业需求。

　　另外，企业也可根据需求，选择合适的供应商，采购 AI 客服。采购时，要验证供应商资质，确保其技术先进、服务稳定，且支持定制化开发。图 6-2 所示为某公司开发的 AI 客服功能介绍。

图 6-2　某公司开发的 AI 客服功能介绍

（3）进行部署

一般而言，企业应将 AI 客服系统与企业现有的客户关系管理系统、数据库、通信工具等进行集成，确保数据共享和流程无缝对接。

（4）培训与优化

初期部署后，企业需要对 AI 客服进行培训，不断提供学习样本，完善其知识库，使其越来越智能。同时，企业还应对客服人员、自有技术人员进行培训，确保客服人员掌握 AI 客服的使用方法，技术人员具备维护、更新 AI 客服系统的能力。

（5）测试与上线

在正式上线前，企业应对 AI 客服进行全面测试，模拟各种客户交互场景，确保机器人能够准确处理各种问题。上线后，企业需持续监控其表现，及时进行调整和优化。

2. AI 客服的工作步骤

AI 客服处理客户投诉的步骤主要包括接收投诉、分析判断、处理投诉、生成报告等。

（1）接收投诉

AI 客服接收客户通过企业官网、App、社交媒体等渠道反馈的投诉。

（2）分析判断

AI 客服通过自然语言处理等技术，识别客户提出的问题，并进行初步分类和分析，判断能否处理。

（3）处理投诉

若能处理，AI 客服将从预设的知识库中搜索匹配的答案，并将结果反馈给客户。如果问题较为复杂，AI 客服会引导客户提供更多信息。

若投诉复杂到 AI 客服无法处理，系统会自动将客户转接至人工客服，或者生成工单并推送给相关部门进行处理。图 6-3 所示为某公司开发的 AI 客服智能转人工功能。

图 6-3　某公司开发的 AI 客服智能转人工功能

（4）生成报告

若处理完成，AI 客服会自动生成投诉处理报告，自动存档，并向人工客服发出提醒。

　　不难发现，AI 客服无法处理全部客户投诉，在特定情况下，必须有人工客服参与，投诉才能得到妥善处理。因此，企业一方面要加强对 AI 客服的训练，推动其更新迭代；另一方面，要加强对人工客服的培训，提升其服务能力。在处理客户投诉的工作中，企业应强调以客户为中心，加强人机协作，以此提高服务质量。

　　图 6-4 所示为 AI 客服处理客户投诉的流程。

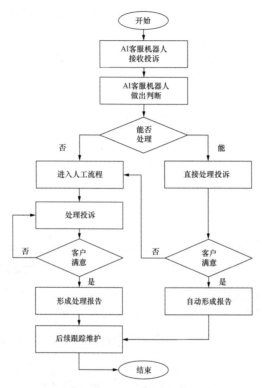

图 6-4　AI 客服处理客户投诉的流程

二、利用情感分析技术理解客户情绪

　　人类情感理解能力在人际交往中至关重要，它涉及对情绪的感知、解释和响应。在客户投诉处理中，这种能力尤为重要，因为它直接关系到客户体验和问题解决的有效性。情感理解不仅限于对客户言语的理解，还包括对客户情绪的准确感知，从而采取适当的回应措施。

　　随着时代的发展，越来越多的企业配置了智能客服系统，搭建了客服机器人。然而，许多基础客服机器人仅具备工单处理、基础回复等功能，无法感知客户的情绪。"投诉"这一行为背后往往隐藏着客户着急、不满、愤怒等情绪，若客服机器人无法感知客户的这些情绪，无法提供情绪价值，那么就无法在客户投诉处理中发挥应有的作用。

　　许多企业已意识到了这一点，加之 AI 情感分析技术的研究不断深入，一些具备情感分析能力的 AI 客服应运而生。它们基于深度学习和自然语言处理等技术，通过大量文本数据的训练，学会了区分正面、负面或中性的情感，并能从客户的文字或语音中捕捉到细微的情绪变化。这种具备情感分析能力的 AI 客服在处理客户投诉问题上具备很广阔的应用前景。

1. 客户情感监测

具备情感分析能力的 AI 客服能够实时监测客户的情绪，通过对话中的关键词和语境分析，准确识别客户的情绪状态。这种实时监测有助于及时发现问题，预防客户不满情绪的产生。通过分析客户的语气、用词和句式，系统可以判断出客户是愤怒、失望还是满意，并据此采取不同的服务策略。

2. 情感安抚能力

当检测到客户带有情绪时，具备情感分析能力的 AI 客服会采取相应的情感安抚措施，如使用安慰性语言或提供额外的帮助，以此缓解客户的紧张情绪，提升客户满意度。例如，在客户表达不满时，机器人可以使用诸如"非常抱歉给您带来了困扰，我们会尽快解决您的问题"这样的安抚性话语。

3. 智能人工入口

根据客户的状态变化，AI 客服能够决定何时引入人工服务，确保在必要时提供更深层次的人工干预，以解决复杂问题。当系统检测到客户的情绪逐渐恶化且问题较为复杂时，可以自动将会话转接给人工客服，从而提高问题解决的效率。例如，针对愤怒的客户投诉，系统可以优先分配给有经验的客服人员处理；而对于中性或正面的反馈，则可以按照常规流程处理。这种分类和分配机制能够更有效地利用人力资源，提升客户满意度。

图 6-5 所示为某 AI 客服的情绪分析引擎。图 6-6 至图 6-8 所示为某平台提供的通过文本识别客户情绪的示例。

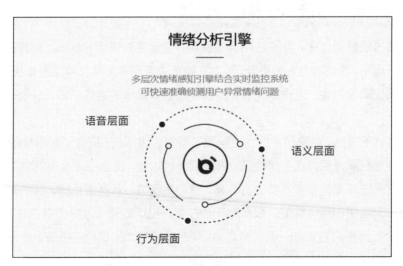

图 6-5　某 AI 客服的情绪分析引擎

图 6-6　识别正向情绪

图 6-7　识别中性情绪

图 6-8　识别负向情绪

📢课堂互动：

你认为未来 AI 客服是否能够完全取代人工客服处理客户投诉？

三、持续投诉监控与流程优化

企业可以利用 AI 技术实现持续投诉监控与流程优化，从而提高投诉处理的效率。持续投诉监控与流程优化包括两个主要方面：一是持续投诉监控，二是流程优化。前者利用自动化技术实时监控各类平台上的客户投诉，以便及时发现问题；后者则基于监控报告提供的建议，不断改进投诉处理流程，提高整体服务质量。

1. 持续投诉监控

持续投诉监控是指利用 AI 技术实时监控企业在各类平台上的客户投诉信息，确保企业能够获取客户反馈，并及时采取相应措施。

在投诉监控工作开始前，企业应部署基于 AI 技术的投诉管理系统，构建多种便捷的投诉渠道，提升客户投诉的便捷性，同时降低企业投诉监控的难度。另外，由于企业提供了便捷的投诉渠道，客户向第三方监管单位的投诉量也会相应减少，进而降低企业风险。图 6-9 所示为某企业研发的智能客户投诉管理系统的多渠道接入功能介绍。

图 6-9　某企业研发的智能客户投诉管理系统的多渠道接入功能介绍

（1）监控方向

企业官网、官方网店、社交媒体账号等官方平台是客户反馈意见的第一线。利用 AI 技术能够实时监测这些渠道上的客户留言、评价和私信，捕捉潜在的投诉信号。

同时，利用 AI 技术还能实现全网自动搜索，企业除了关注企业官网、官方网店、社交媒体账号等常规渠道，还应关注行业论坛、问答网站、消费者权益保护平台等外部渠道，通过关键词搜索和情感分析，识别出可能对企业形象造成负面影响的讨论，确保企业对潜在的投诉信息保持警觉。

（2）自动汇报

利用 AI 技术不仅能实现监控与收集投诉信息，还能生成实时汇报。借助数据分析和可视化工具，企业可以清晰地了解当前的投诉情况和趋势。例如，系统可以按投诉类型、严重程度、时间段等分类，并自动生成图表，帮助企业迅速掌握投诉的整体状况。

（3）生成监控报告

在自动监控和汇报的基础上，企业可以利用 AI 技术定期生成详细的监控报告。这些报告不仅包含投诉的统计数据，还包含对投诉数据的分析、对未来趋势的预测，以及对售前、售中、售后服务阶段的改进建议。

2. 流程优化

基于持续投诉监控所生成的报告，企业可以对投诉处理流程进行优化，以提高服务质量。

（1）依据监控报告

企业可以利用 AI 技术自动生成投诉监控报告，并在报告中提供数据分析、改进建议等信息。企业对客户服务各流程的优化要以这些实际数据为依据。

（2）人工参与评估

尽管 AI 技术在投诉监控和建议生成方面具有显著优势，但人工参与仍然不可或缺。企业可以基于监控报告和 AI 建议进行评估，并结合实际情况制定具体的改进措施。

人工评估可以确保建议的可行性和适用性，避免因盲目依赖 AI 而产生的误判。

（3）流程优化方向

流程优化主要有两个方向：一是对已有的 AI 投诉监控流程进行优化，二是基于 AI 监控的结果对投诉处理流程乃至售前、售中、售后相关流程进行优化。

若人工评估后认为 AI 对投诉的监控偏离了企业需求，那么企业应安排技术人员重新调整 AI 监控系统，确保其能够监控到真实有效的投诉信息；若 AI 监控的结果确实反映出企业在客户服务某阶段存在明显问题，则企业应基于 AI 监控结果对相关流程进行优化。图 6-10 所示为某企业研发的智能客户投诉管理系统的流程优化功能介绍。

图 6-10　某企业研发的智能客户投诉管理系统的流程优化功能介绍

通过以上措施，企业可以构建起一个高效的投诉管理系统，实现持续监控与流程优化，不断提升客户满意度和品牌忠诚度。AI 技术的应用不仅提升了投诉处理的自动化和智能化水平，还为企业的长期发展提供了坚实的基础。

四、处理方案智能推荐

基于 AI 技术的投诉管理系统不仅能够对投诉进行监控，还能够根据不同情况推荐最适合的解决方案，从而极大地提高了客户满意度和企业运营效率。

通过自然语言处理、机器学习等 AI 技术，投诉管理系统能够从众多的历史投诉记录与经典案例中匹配信息，智能推荐投诉处理方案。这些方案针对不同类型的投诉提供了具体的应对措施，使企业能够迅速且准确地解决客户问题。智能推荐系统的核心在于其推荐逻辑，这决定了系统如何从海量数据中筛选出最合适的处理方案。

图 6-11 所示为某企业研发的智能投诉处理系统中自动推荐投诉处理方案功能介绍。

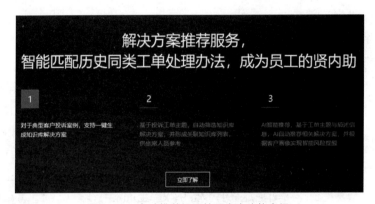

图 6-11　自动推荐投诉处理方案功能介绍

1. 基于经典案例的方案推荐

智能投诉处理系统首先会参考企业历史上成功解决投诉的经典案例。这些案例往往包含了详尽的投诉描述、处理流程及最终解决方案，构成了宝贵的实战经验库。系统运用先进的文本挖掘和模式识别技术，从这些案例中提炼出处理策略的共性特征和关键步骤，形成了一套结构化的问题解决框架。当新的投诉出现时，系统能够迅速匹配最相似的案例，并推荐经过实践检验的处理方案，从而大幅缩短了问题解决周期，提升了客户满意度。

例如，某企业曾多次收到关于产品延迟发货的投诉，并在解决问题的过程中总结了经验，形成了一套针对此类问题的标准处理流程，包括主动联系客户解释原因、提供补偿方案、加快后续发货速度等。当类似投诉再次发生时，企业的智能投诉处理系统便会立即推荐这一处理流程，确保问题得到及时、妥善的解决。

为了提高这种推荐模式的准确性，企业应该采取以下措施。

（1）定期更新案例库，确保案例的时效性和代表性。

（2）对案例进行精细化分类，以便系统更准确地匹配。

（3）分析案例处理过程中的成功因素和不足之处，不断优化推荐逻辑。

2. 基于投诉主题的方案推荐

智能投诉处理系统能够利用自然语言处理等技术，识别客户投诉的主题。例如，投诉主题可能涉及产品质量、物流配送、售后服务等。系统会根据不同的主题分类，在预先设置的处理方案模板中推荐相应的处理方案。

例如，当系统识别出投诉主题为"产品质量"时，它会自动从专门针对产品质量问题的处理方案库中推荐最佳实践，如产品召回、免费维修、补偿优惠券等，以迅速恢复客户信心。

为了提高这种推荐模式的准确性，企业应该采取以下措施。

（1）不断优化 AI 语言模型，引入更多样化的语料库进行训练，提升系统对复杂语境的理解能力，确保即使在表述模糊或间接的情况下也能准确捕捉投诉本质。

（2）针对不同主题制定多样化的处理方案模板，并对新出现的投诉主题进行识别和分类。

（3）利用聚类分析等算法对投诉数据进行深入挖掘，发现潜在的投诉主题和关联关系。

3. 基于相似类型的方案推荐

智能投诉处理系统还具备强大的数据关联能力，能够在海量投诉数据中迅速识别出与当前投诉最为相似的案例，并推荐经过验证的处理方案。这一过程依赖于深度学习和模式匹配算法，能够从多个维度进行综合考量，包括投诉描述的相似度、客户背景的匹配度以及问题的紧迫性等，确保推荐的方案与实际情况高度契合。

例如，面对一位抱怨产品操作复杂的客户，系统可能会推荐之前成功帮助同类客户熟悉产品功能的交互教程，从而迅速解决客户的困惑，提升客户体验。

为了提高这种推荐模式的准确性，企业应该采取以下措施。

（1）定期更新案例库，确保案例的时效性和全面性。

（2）调整投诉分类标准，迭代算法模型，提高系统识别的准确性。

（3）定期复审推荐结果的有效性，确保系统推荐的方案既能满足客户需求，又符合企业服务标准。

课堂互动：

　　你认为一份详尽的投诉处理方案应该包括哪些内容？

五、KCS 知识库辅助解决投诉问题

随着 AI 技术的飞速发展，知识中心服务（Knowledge Centered Service，KCS）

逐渐成为企业处理客户投诉的重要工具。企业通过整合内外部知识资源，构建 KCS 知识库，并以此为核心形成投诉处理体系，有效提高了投诉处理效率和质量，进而提升了客户满意度。图 6-12 所示为某企业研发的 KCS 知识库的核心功能。

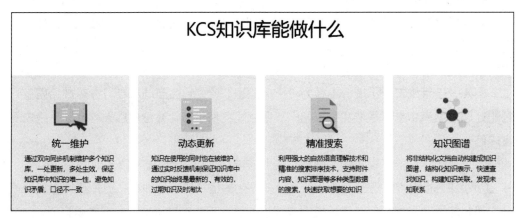

图 6-12　KCS 知识库的核心功能

将 AI 技术融入 KCS 知识库后，系统能够借助自然语言处理和机器学习等技术，自动收集、整理、更新和提供知识库内容。

1. KCS 知识库的主要内容

完整的 KCS 知识库会覆盖企业运营过程中产生、积累并应用的各种类型的信息和智慧。此处重点介绍与客户投诉相关的知识，具体包括但不限于以下内容。

（1）常见问题及解决方案：涵盖产品使用、故障排除、维护保养等方面的详细指导。

（2）投诉处理流程：标准化的投诉受理、处理和反馈流程，确保每个投诉都能得到及时和妥善的处理。

（3）产品和服务信息：包括详细的产品说明、技术参数、使用手册等，有助于客服人员快速获取所需信息。

（4）案例库：收录历史投诉案例及其处理记录，为处理类似问题提供参考。

（5）培训资料：为客服人员提供持续培训材料，提升其处理投诉的能力。

2. KCS 知识库的搭建步骤

企业搭建 KCS 知识库一般需要遵循以下 5 个步骤。

（1）确定知识来源

知识库的内容源于内部和外部两个渠道。内部来源主要有企业内部文档、员工经验、历史投诉记录等；外部来源主要有行业标准、市场研究报告、客户反馈、第三方数据等。

（2）识别并分类知识

利用 AI 技术识别并提取关键信息，然后按照一定标准进行分类。常见的分类标准有按问题类型分类、按产品线或服务类别分类、按客户群体或市场区域分类。

（3）录入知识

将分类后的知识录入系统，确保信息的准确性和可用性。录入过程中需使用统一的格式和标准，以便于检索和使用。

（4）维护知识

知识库需要持续维护，以确保其内容的准确性和完整性。维护工作包括定期审核和更新知识内容，收集和整合新知识点，根据客户反馈和投诉处理结果调整知识库内容等。

（5）智能化拓展知识

通过 AI 技术，知识库可以实现智能化拓展，提升其功能和价值。智能化拓展知识可以从以下 3 个方面入手。

① 智能搜索和推荐。利用自然语言处理等技术实现知识的智能检索和推荐，提高使用效率。

② 构建知识图谱和关联分析。通过知识图谱技术，展示知识点之间的关联，帮助客服人员快速理解和应用知识。

③ 外部集成和第三方接口。与外部系统和平台进行数据集成，丰富知识库内容。

3. KCS 知识库如何在投诉处理中发挥作用

KCS 知识库在投诉处理中发挥着重要作用，具体可从以下 4 个方面辅助解决投诉问题。

（1）快速响应客户投诉

AI 客服或人工客服人员可以通过知识库快速检索相关信息，及时回复客户的疑问和投诉，缩短响应时间。

（2）提供标准化解决方案

知识库中的标准化流程和解决方案，确保每个投诉都能按照统一标准进行处理，避免个人差异导致的处理不一致。

（3）辅助决策和改进

通过对历史投诉数据的分析，知识库可为客户服务管理人员提供决策支持，帮助识别常见问题和改进服务流程。

（4）提升客服人员能力

知识库为人工客服人员提供学习和培训资源，提升其处理投诉的专业能力。

总之，KCS 知识库不仅能够提高客户投诉问题的处理效率和质量，还能通过对投诉数据的分析和应用，为企业提供宝贵的业务洞察，帮助企业不断改进产品和服务，最终赢得客户的信任和忠诚。

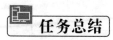 **任务总结**

AI 技术的运用大大提高了客户投诉处理的效率。企业将 AI 技术应用于构建智能客

服系统、进行情感分析、持续监控、流程优化、智能推荐以及构建知识库等领域，实现了更高效、更精准的投诉处理。

 【同步实训】

实训 配置具有情绪识别能力的智能客服

1. 实训目的

（1）熟悉并掌握在 AI 工具中创建简单智能客服的基本步骤和方法，加强对 AI 提示词的理解，提升撰写 AI 提示词的能力。

（2）通过项目分工、进度管理、问题讨论等环节，锻炼学生的团队协作能力和项目管理能力。

（3）了解当前 AI 技术在客服领域的最新应用和发展趋势，如智能语音助手、聊天机器人、自动化客服系统等，为未来职业生涯中应对技术变革做好准备。

2. 实训背景

P 公司是一家在线销售电子产品的电子商务公司，每天需处理成千上万的客户咨询和投诉。为提高客户服务效率，P 公司决定部署 AI 客服以提高工作效率。一开始，P 公司选择了一家不知名的供应商，部署了一个简单的智能客服系统。但很快，P 公司客服人员发现，虽然 AI 客服能够解答基本问题，但无法有效处理客户的情绪，导致客户满意度不升反降。

李先生的故事就是一个典型例子。某天，李先生因收到的产品有缺陷，通过在线客服向 P 公司提出投诉。以下是他与 AI 客服的对话。

李先生："你好，我收到的手机屏幕有裂纹。"

AI 客服："请提供您的订单编号。"

李先生："订单编号是 123456，但你们怎么会发出这样的产品？"

AI 客服："感谢提供信息，我们会为您处理。请稍等。"

李先生："你这是什么态度？完全没有解决问题的诚意！"

AI 客服："我们正在处理，请稍等。"

AI 客服不仅没有处理好李先生的投诉问题，还加深了他的负面情绪，最终导致他在社交媒体上发表负面评论，影响了 P 公司的品牌形象。

意识到问题的严重性后，P 公司决定对智能客服系统进行升级。通过市场调查，P 公司更换了智能客服系统的供应商，选择了行业内好评率排名靠前的新型智能客服系统。新型智能客服系统的一大特色就是具备情绪识别能力，可以通过语音或文字识别客户的情绪，并根据不同的情绪选择不同的处理策略。

新系统搭建完成后，P 公司邀请了一批老客户进行抢先体验。李先生是受邀客户之一。以下是李先生与全新 AI 客服的对话记录。

李先生："你好，我收到的手机屏幕有裂纹。"

AI 客服："非常抱歉听到您遇到这样的问题，李先生。请您提供订单编号，我们会尽快为您处理。"

李先生："订单编号是 123456，但你们怎么会发出这样的产品？"

AI 客服："我们非常理解您的沮丧心情，李先生。这确实不应该发生。请您放心，我们会尽全力为您解决问题，并确保您获得满意的解决方案。"

李先生："好吧，我希望你们能尽快解决。"

AI 客服："感谢您的理解，李先生。我们会加急处理您的问题，并在 24 小时内给您一个明确的答复。同时，作为对您不便的补偿，我们将为您提供一次免费的延保服务。再次对给您带来的不便深表歉意。"

李先生："可以，这个解决方式我可以接受。"

AI 客服："感谢您的支持，祝您生活愉快！"

通过升级智能客服系统，P 公司的 AI 客服能够更好地理解客户的情绪。渐渐地，P 公司的客户满意度不断提升，公司效益也越来越好。

3. 实训要求

认真阅读实训目的与实训背景，发挥主观能动性，完成以下任务。

（1）授课老师说明实训的目的，介绍实训的起止时间、详细要求、具体内容等。

（2）授课老师将学生分成若干个 3～5 人的小组，要求每个小组自由选择 AI 工具，通过设置提示词将 AI 工具定制成具备情绪识别能力的智能客服。

（3）在实训截止日期前，各小组应反复测验、完善提示词，以提升智能客服的"情商"。

（4）授课老师组织各小组汇报结果。首先请各小组派出代表现场展示与介绍所属小组的智能客服，然后请各小组分别体验其他小组的智能客服，并对其他小组的智能客服进行评分。评分规则与标准由授课老师事先设计并公示。

（5）根据评分结果，选择"情商"最高的智能客服。授课老师组织所有学生讨论如何继续对其进行优化与完善。

（6）授课老师引导学生展开思考，探讨 AI 技术在客户投诉领域的其他应用可能性，组织学生自由发言。发言结束后，由授课老师进行实训总结。

 【拓展延伸】

企业危机与客户投诉

企业危机是指企业面临的突发性、具有潜在严重负面影响的事件或情况。企业危机处理则是面对企业危机时，企业采取一系列管理和应对措施，以最小化损害、恢复正常运营并保护企业声誉的过程。企业危机与客户投诉有明显区别，但也有一定联系。企业危机与客户投诉的区别与联系如表 6-1 所示。

表 6-1　企业危机与客户投诉的区别与联系

序号	区别与联系		客户投诉	企业危机
1	区别点	严重程度	轻微	严重
		影响性	个别客户或小范围客户群	整个企业甚至行业
		处理方式	客户服务部采用投诉处理流程进行处理	企业管理层、决策层动员企业上下各部门，采取综合措施来应对
2	联系点	相似原因	客户投诉和企业危机都可能源于企业产品或服务质量问题	
		可以转化	如果严重的客户投诉没有得到妥善处理，可能转化为企业危机	

【项目总结】

本项目的项目总结如图 6-13 所示。

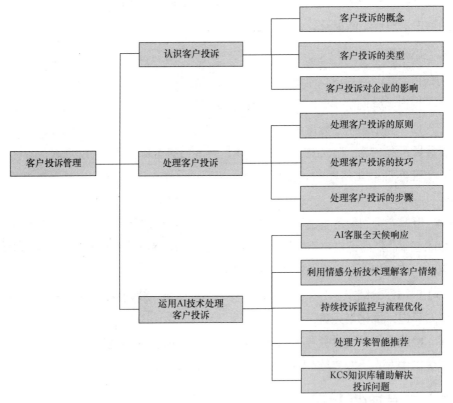

图 6-13　项目总结

课后思考

1. 简述客户投诉对企业的影响。
2. 说说处理客户投诉的主要原则。
3. 简述常见的处理客户投诉的技巧。
4. 当你进行投诉时，你更希望被人工客服接待还是 AI 客服接待？为什么？

PART 07

项目七
售中与售后服务管理

【项目导读】

近年来，家电市场规模持续扩大，竞争也日益加剧。除了常见的冰箱、彩电和洗衣机外，空调、厨卫电器和生活小家电等设备的销售额也保持稳定增长态势。

激烈的市场竞争推动了企业角色的转变。企业不再只是单纯的"产品售卖者"，而是逐渐转变为"服务提供者"，这包括售前服务、售中服务和售后服务。越来越多的企业通过提供优质的客户服务来赢得客户的青睐。

AI技术的发展改变了企业提供服务的方式。LG集团聚焦售后维修领域，顺应时代需求，推出了"ThinQ AI"技术。在"ThinQ AI"技术的支持下，LG集团的客服人员通过设置家电运行时间、电源使用模式、总服务时间、电器的实时温度、过滤器或冷却剂的实时状态等指标，能够在已售设备发生故障前就收到通知，提前进行维修提醒、维修派单等服务，从而极大地提升了客户的使用体验。

【学习目标】

知识目标

➢ 理解售中服务与售后服务的概念。
➢ 熟悉售中服务与售后服务的主要内容。
➢ 了解AI技术在售中服务领域的运用形式。
➢ 了解AI技术在售后服务领域的运用形式。

素养目标

➢ 提升战略思维能力，能够从宏观角度理解AI技术在售中与售后服务中的整体应用。
➢ 提升创新思维，具备主动探索和应用最新AI技术的意识。
➢ 培养持续学习能力，保持对AI技术和客户服务领域的敏锐洞察。

售中服务与售后服务是客户服务的重要组成部分，两者对于增强客户体验、提升企业形象具有至关重要的作用。

任务一　认识售中与售后服务

在竞争激烈的市场环境中，提供卓越的售中与售后服务能够帮助企业脱颖而出，形成竞争优势。

情景模拟

张先生是一名科技爱好者，对前沿科学技术与科技产品兴趣浓厚。近期，他决定购置一辆新车，并将目标锁定在了市场上一款颇受欢迎的新能源汽车上。该车不仅配备了先进的自动驾驶辅助系统，还拥有智能互联功能，能通过手机 App 远程控制。

张先生首先通过该汽车品牌的官方网站了解车型配置和功能。网站提供虚拟展厅，可以让张先生远程 360° 查看车辆，还内置了智能咨询系统，能根据他的需求推荐合适车型。之后，张先生预约了线下试驾服务。在门店，销售顾问详细介绍了车辆的各项参数，并演示了智能驾驶辅助和手机 App 远程控制等功能。试驾结束后，张先生对试驾车辆印象深刻，当即决定购买。

购车过程中，销售顾问提供了灵活的金融方案和保险服务，协助张先生迅速完成了所有手续，整个过程非常流畅且高效。

张先生提车后不久，发现智能导航系统存在定位偏差问题，于是他立即联系了客服中心。客服人员迅速响应，不仅详细记录了问题情况，还指导他进行了一些基本的系统自检。在确认问题后，客服人员立即安排了最近的授权服务中心进行检查。张先生将车送至服务中心后，技术人员迅速定位了问题所在——原来是由于近期的地图数据更新未能及时同步导致。技术人员不仅快速修复了问题，还为张先生的车辆进行了全面的检查和保养，确保车辆处于最佳状态。更令张先生感到惊讶的是，服务中心还为他提供了等待期间的休息区，配备了免费的茶水和小吃，让等待过程变得舒适愉快。

此外，该新能源汽车品牌还为张先生提供了定期的车辆健康检查提醒，通过手机 App 推送车辆维护建议和预约服务，确保车辆始终保持最佳性能。张先生对该新能源汽车品牌的售后服务感到十分满意，不仅在自己的社交圈里分享了这次愉快的购车与售后体验，还成为品牌的忠实拥趸，积极向身边的朋友推荐。

思考：

1. 上述情景中，该新能源汽车品牌提供了哪些售中服务？
2. 上述情景中，该新能源汽车品牌提供了哪些售后服务？
3. 张先生为什么"当即决定购买"？是什么促使他做出如此快速的决定？
4. 张先生为什么会成为该品牌的忠实拥趸？

先思考以上问题，完成任务一的学习后，再回答以上问题。

一、售中与售后服务的概念

1. 售中服务的概念

售中服务是指企业在销售产品（包括实体产品与服务类产品）的过程中所提供的服

务，它涵盖了从客户开始接触产品到完成交易的整个阶段。售中服务的核心在于及时响应客户需求，提供专业的信息和建议，确保客户在整个购买决策过程中感受到尊重和关怀，从而增加客户的购买可能性。

售中服务不仅限于传统的面对面销售与服务，还包括通过电话、电子邮件、在线聊天等多种渠道进行的服务。现代企业逐渐开始运用前沿科学技术，驱动 AI 客服、智能导购机器人等，使售中服务更加高效和个性化。

2. 售后服务的概念

售后服务是指产品销售后，企业为保障客户权益，提升产品使用体验而提供的各种服务活动。它体现了企业对客户的长期承诺。

售后服务的目标是帮助客户最大化地体验产品的价值，解决在产品使用体验过程中遇到的各种问题，从而提升客户的满意度和忠诚度。

售中服务侧重于销售过程中的客户关心和支持，而售后服务则侧重于销售后的持续关怀与维护。两者共同作用于客户关系的维护和企业形象的塑造，是企业赢得并保持客户忠诚度的关键。

二、售中与售后服务的内容

1. 售中服务阶段

售中服务一般包括以下 6 项内容。

（1）进行产品展示说明

在销售过程中，客户通常会要求企业进行产品展示或演示，以便更加直观地了解产品的特性、功能和优势。企业通过有效的产品展示或演示，可以帮助客户更好地理解产品，激发其购买欲望。

（2）回答客户询问

售中服务的重要组成部分是为客户提供详细的咨询服务。企业应能够回答客户关于产品功能、性能、使用方法、价格等方面的问题，帮助客户解决疑虑，做出购买决策。不同于售前服务的咨询，售中服务阶段的咨询一般是"有实物讲解"，客户已经可以清楚、明确地感受到产品的存在。

（3）提供个性化推荐

无论新老客户，企业都可以通过了解客户的具体需求，为其推荐合适的产品，提高客户的购买率。

（4）支持客户试用体验

对于某些产品，尤其是高价值或技术复杂的产品，提供试用或体验服务是非常重要的。让客户在购买前实际使用产品，可以增强客户的购买信心，降低客户的反悔概率。

（5）进行价格协商谈判

无论是面对个人客户还是企业客户，在售中阶段，企业都可以与客户进行价格谈判。

这个过程可能会涉及销售价格的调整，无论哪种情况，都应符合企业的实际利益。

（6）培训指导使用方法

某些产品可能在使用上有一定的技术要求，或者存在特别的注意事项，企业应在售中阶段提供必要的培训和指导，帮助客户能够快速上手使用产品。

2. 售后服务阶段

售后服务一般包括以下 6 项内容。

（1）产品包装与运输

产品的包装与运输是售后服务的起点，是保障产品完整性的关键因素，也会直接影响客户收到产品时的第一印象。

企业应根据产品的特性和运输要求，设计合理的包装方案，以确保产品在运输过程中不受损坏。包装上应有清晰的标签和标识，包括产品名称、型号、数量、生产日期、注意事项等信息，以便于物流管理和客户查收。

企业需根据产品的重量、体积和运输距离，选择合适的运输方式，综合考虑成本和时效，确保产品能够按时、安全地送达客户手中。同时，企业应为客户提供实时的物流跟踪服务，让客户可以随时了解产品的运输状态。

（2）产品安装与调试

专业、及时的安装与调试服务能够帮助客户快速上手使用产品，减少麻烦和损失。

企业应提供步骤清晰的纸质或电子安装说明书，确保客户能够按照说明自行安装。如果产品安装较为复杂，企业应安排专业人员上门服务。

安装完成后，若产品需要调试，企业应安排专人对产品进行调试，确保所有功能正常运作。调试期间发现的问题应及时解决，以免影响客户的使用体验。同时，企业可建立问题反馈机制，记录和分析常见问题，持续改进安装与调试流程。

（3）产品维修与保养

产品在使用过程中难免会出现故障或损耗，及时有效的维修与保养服务能够延长产品的使用寿命，从而保障客户的正常使用。

企业应在产品出售前就向顾客明确产品的保修期限和保修范围，并在售后提供免费或优惠的维修服务。若产品在保修期内出现故障，企业应按售前约定提供维修、换新等服务。同时，企业要建立完善的维修流程，将客户报修、故障诊断、维修处理、售后回访等环节标准化，确保每一步都能高效进行，尽快为客户解决问题。

对于有保养需求的产品，企业应提供定期保养服务，包括清洁、检测和调整等内容，防止产品出现质量问题。另外，企业应确保维修所需备件的供应充足，以便随时快速响应客户需求，减少维修、保养等服务的等待时间。

（4）使用指导与说明

详细的使用指导与说明能够帮助客户充分发挥产品的功能，避免错误操作带来的损失。

　　企业应为产品编写详细的客户使用手册，同时确保客户能够方便地获取相关手册。使用手册的内容应包括产品的基本功能、操作步骤、维护方法和常见问题解决办法等。若有必要，企业应制作系列视频教程，通过动态展示产品的操作和使用方法，使客户更直观地了解产品的使用技巧。

　　另外，企业还可通过官方网站、社交媒体和论坛等渠道更新产品使用说明，并提供与产品相关的下载资料。

　　（5）投诉回复与处理

　　处理客户的投诉是售后服务的重要环节。及时、有效的投诉处理能够化解客户的不满，并提升品牌的信誉。

　　企业应提供多种投诉渠道，如电话、电子邮件、在线客服等，方便客户反馈问题。收到客户投诉后，企业应在规定时间内给予回复，并启动问题调查和处理流程。在处理过程中，企业应与客户保持沟通，及时反馈处理进展。

　　（6）客户回访与关怀

　　售后服务不仅仅是解决问题，更要注重与客户的长期关系维护。通过客户回访与关怀，企业可以增强客户对品牌的信任和忠诚度。

　　企业应安排专人定期对客户进行回访，了解其使用情况和满意度，及时发现潜在问题，并给予解决方案。在节假日、客户生日等特殊日期，企业可向客户送上祝福或礼品，表达对客户的关怀和感谢。

　　企业还可以组织客户参与各类活动，如新品发布会、使用培训班、体验活动等，增强客户的参与感和归属感。另外，企业要定期开展客户满意度调查，收集客户的意见和建议，分析改进服务的薄弱环节，提高整体服务水平。

课堂互动：

　　回想你的购物经历，分别列出三项让你印象深刻的售中服务与售后服务。

三、售中与售后服务的重要性

1. 售中服务的重要性

（1）增强客户体验

　　优质的售中服务可以显著提升客户的购物体验。企业提供及时的产品信息、专业的咨询服务和灵活的支付方式等，可以让客户在购买过程中感受到公司的关怀和专业。

（2）减少退货和投诉

　　凭借详细的产品说明和透明的销售流程，客户能够更清晰地了解产品，从而减少购买后因误解或不满而产生的退货和投诉。

（3）促进销售转化

有效的售中服务能够帮助客户做出购买决策，从而提高销售转化率。客服人员（也可能是销售人员）的专业建议和贴心服务可以增强客户的信任感，激发其购买欲望。

（4）收集客户反馈

在售中服务过程中，企业有机会直接与客户交流，收集宝贵的反馈信息。这些信息对于产品改进、服务优化以及市场策略调整至关重要。

（5）提升品牌形象

优质的售中服务有助于塑造企业正面的品牌形象。当客户享受到优质的服务时，他们更有可能对品牌产生好感，并通过口碑传播进一步扩大品牌的市场影响力。

2. 售后服务的重要性

（1）提升客户满意度和忠诚度

售后服务直接关系到客户的使用体验。通过提供及时的维修和维护服务，企业能够确保客户在使用产品过程中遇到的问题得到迅速解决，从而提升客户的满意度和忠诚度。

（2）延长产品的使用寿命

定期的维护和检修服务可以延长产品的使用寿命，减少故障率。这不仅为客户带来便利，还能减少因产品问题产生的负面反馈。

（3）收集客户反馈

售后服务是企业了解客户需求和改进产品的重要窗口。通过收集客户的使用反馈，企业能够发现产品的不足之处，并及时进行改进，从而提高产品质量。

（4）促进二次销售和交叉销售

优质的售后服务能够促使客户再次购买公司的产品或服务。此外，通过售后服务，企业还能够向客户推荐其他相关产品，实现交叉销售，增加企业收益。

（5）减少负面影响和维护品牌声誉

优质的售后服务能够及时解决客户的问题，减少因产品故障或服务不当而产生的负面影响。当客户遇到问题时，企业能够迅速响应并提供有效解决方案，不仅能化解潜在的客户不满情绪，还能维护品牌的良好声誉。

任务总结

售中服务和售后服务在企业运营中扮演着至关重要的角色。售中服务通过提供及时、专业的咨询与支持，增强客户体验、促进销售转化并提升品牌形象；售后服务则通过维护和解决客户使用过程中遇到的问题，提升客户满意度和忠诚度，延长产品的使用寿命，促进二次销售和交叉销售，同时减少负面影响并维护品牌声誉。两者共同作用，助力企业赢得并保持客户的长期忠诚，提升市场竞争力。

任务二　运用 AI 技术管理售中服务

售中服务的主要内容包括进行产品展示说明、回答客户询问、提供个性化推荐、支持客户试用体验、进行价格协商谈判以及培训指导使用方法等。运用 AI 技术管理售中服务，就是运用 AI 技术改变这些服务内容的呈现方法与形式。

 **情景模拟**

小红非常喜欢网络购物，但她的"选择困难症"常常让她在购物时犹豫不决，从而浪费大量时间。某天，她在某知名购物平台浏览时，意外发现了一个名为"智能购物助手"的功能。

小红好奇地点击进去，发现这个购物助手能够利用 AI 技术分析她的购物历史和浏览行为，为她提供个性化的商品推荐。她半信半疑地输入了自己想要购买的商品类型和一些偏好设置，没想到购物助手迅速为她推荐了几款符合她需求的商品。其中一款商品引起了小红的注意，这是她之前从未考虑过但看起来非常符合她需求的产品。购物助手不仅提供了详细的商品信息，还根据小红的购买历史为她推荐了相关的配件和优惠活动。小红感到十分惊喜，决定购买这款商品，并添加了购物助手推荐的配件到购物车。

在结账过程中，购物助手再次展现了它的智能，提醒小红她之前加入购物车但一直未购买的商品与当前商品有搭配优惠，建议她一并购买可以节省费用。小红欣然接受了建议，最终完成了购买。

思考：

1. 上述情景中，"智能购物助手"展现了哪些能力？

2. 你是否和小红一样有"选择困难症"，你期望"智能购物助手"还具备哪些功能？

3. 小红的经历是网络购物，你觉得在其他购物情景下，是否有办法体验到其他形式的"智能购物助手"？

先思考以上问题，完成任务二的学习后，再回答以上问题。

一、智能终端展示说明

随着客户需求的不断变化与科学技术的不断进步，智能终端作为一种深度整合 AI 技术的服务设备，为客户带来了前所未有的交互体验。

一个功能完善的智能终端通常集成了屏幕触控、语音识别与合成、图像识别、智能推荐等功能与技术。在销售过程中，这些终端不仅用于产品的动态展示和详细信息提供，还能与客户进行实时互动，从而极大地丰富了客户的购物体验。无论是在繁华的商场、专业的展览会，还是在高档的酒店和繁忙的机场，智能终端都以其便捷性和直观性被广泛应用。

图 7-1 所示为科大讯飞股份有限公司（以下简称"科大讯飞"）研发的智能交互机功能介绍。

图 7-1　科大讯飞智能交互机功能介绍

1. 工作形式

在售中服务中，智能终端主要通过以下 3 种形式展示产品和服务。

（1）AI 图文

智能终端通过搭载高清显示设备和集成图像处理技术，可以呈现高质量的产品图片和详细的文字说明。AI 技术可以根据客户的需求和喜好，自动调整展示内容，如放大特定产品的细节、对比不同型号的功能特点等。这样的展示方式不仅可以吸引客户的注意力，还能帮助他们更好地理解产品的独特之处。

（2）AI 语音

智能终端配备的语音助手可以通过自然语言处理、语音识别等技术，与客户进行实时对话。语音助手不仅可以回答客户的常见问题，还能根据客户的语音指令提供个性化的建议。例如，客户可以通过语音询问某产品的功能、价格或使用方法，语音助手会即时提供相关信息。这种互动方式特别适用于需要快速获取信息的场景，如购物中心或服务大厅。

（3）AI 数字人

通过虚拟数字人形象与客户互动，提供生动的产品展示和说明，是智能终端的一个亮点功能。AI 数字人通常具有人类的外观和行为模式，可以模拟真人的语气和肢体语言，与客户进行自然的交流。它们可以演示产品的使用场景，回答客户的问题，甚至提供情感支持。这种形式的展示不仅有助于增强客户的参与感，还能显著提升品牌的亲和力和形象。

2. 使用智能终端的注意事项

在实际应用中，企业在使用智能终端时需考虑以下 3 个关键因素，以确保达到最佳效果。

（1）选择合适的部署区域

智能终端的部署位置直接影响其展示效果和客户体验，因此选择合适的部署区域尤为重要。首先，优先选择客户流量密集的区域，如商场的入口、购物中心的中心地带、展览会的主展区、酒店的大堂和机场的候机大厅等。这些区域人流量大，能够最大限度地吸引客户的注意力，并为客户提供便捷的服务。

其次，根据客户的需求和行为习惯来部署智能终端。例如，在电子产品展览会上，智能终端可以放置在体验区附近，方便客户在试用产品的同时获取相关信息；在服装商店内，则可以放置在试衣间附近，为客户提供搭配建议和库存查询服务；在汽车展销会上，可以放置在展车旁，以便展示车辆的详细参数和性能对比。

最后，考虑智能终端的可访问性和安全性。部署区域应确保客户能够方便地接触和操作智能终端，同时避免因人流拥挤或设备摆放不当而造成损坏或安全隐患。智能终端应稳固地放置在基座上，确保电源和网络连接的稳定性，并配备必要的防护措施，以防止意外损坏。

（2）选择合适的展示内容

展示内容是智能终端吸引客户和提供服务的核心所在，因此选择合适的展示内容尤为重要。

首先，展示内容应针对目标客户的需求和兴趣进行定制。通过分析客户数据和行为偏好，智能终端可以提供个性化的展示内容，如推荐最受欢迎的产品、展示最新的促销信息、提供定制化的服务方案等。这不仅能够吸引客户的注意力，还能增强客户的购买意愿。

其次，展示内容应简洁明了，易于理解。智能终端的屏幕和交互界面应设计得简洁大方，信息展示应条理清晰，避免文字过多和操作步骤复杂。图文并茂的展示方式可以帮助客户更直观地了解产品，而语音助手和 AI 数字人的引导则可以提供实时的解答和建议，使客户在短时间内获得所需信息。

最后，展示内容应动态更新，保持新鲜感。智能终端的内容管理系统应能够实时更新展示内容，根据季节变化、市场趋势和客户反馈不断优化和调整。例如，节假日期间可以增加节日促销信息，新产品上市时可以重点展示新品特点和优惠政策。动态更新的展示内容不仅能吸引回头客，还能增强客户的参与感。

课堂互动：

你是否体验过智能终端？你的体验如何？如果没有体验过，你希望在哪些场景体验智能终端？

二、AI 购物助手智能推荐

AI 购物助手是近年来兴起的一种创新型智能服务，这种购物助手主要存在于电商平台中，通过集成 AI 技术，AI 购物助手能够深入分析客户的历史购物行为、浏览记录、搜索关键词以及客户反馈，从而精准地理解每个客户的独特兴趣、需求和偏好。

1. 发展现状

随着时代的发展，各大电商平台都相继推出了 AI 购物助手，如淘宝的"淘宝问问"、京东的"京言 AI 助手"等。这些 AI 购物助手的不断发展与进化，将对客户的购物体验产生越来越深远的影响。图 7-2 所示为"淘宝问问"主界面，图 7-3 所示为"京言 AI 助手"主界面。

图 7-2　"淘宝问问"主界面

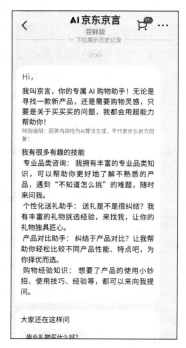

图 7-3　"京言 AI 助手"主界面

虽然 AI 购物助手受到了越来越多的关注，技术也越来越成熟，但由于受到 AI 技术整体发展水平的限制，仍存在一些局限性。表 7-1 所示为 AI 购物助手当前的优势与局限。

表 7-1　AI 购物助手当前的优势与局限

序号	优势		局限	
	优势	具体说明	局限	具体说明
1	精准度高	通过分析海量数据，智能推荐系统能够提供高度个性化的推荐，极大地提升了客户的满意度	数据隐私问题	大量的数据收集和分析引发了客户隐私和数据安全的担忧。尽管平台通常会采取措施来保护数据，但仍有潜在的风险
2	实时性	系统能够实时更新推荐内容，使得推荐结果更加及时	依赖性	过于依赖历史数据和客户行为，可能导致推荐内容的单一化，无法很好地推荐新兴或小众商品。对底层算法要求高
3	多样性	支持多种数据输入模式，包括文本、图片、语音等，提供更加丰富的交互体验	复杂性	开发和维护一个高效的推荐系统需要高水平的技术和资源投入，特别是对于小型平台来说，这可能是不小的挑战

2. 未来展望

随着人工智能和大数据等技术的进一步发展，购物助手智能推荐系统有望在以下几个方面取得进展。

（1）更精准的个性化推荐

未来的推荐系统将能够更深入地理解客户的个性化需求，不仅基于行为数据，还将融入心理和情感数据，从而提供更加精准和人性化的推荐。

（2）跨平台整合

随着电子商务平台的多样化发展，未来的智能推荐系统将能够实现跨平台整合客户数据，为客户提供无缝的购物体验。客户在不同平台上的行为数据将被统一分析，以提供更加全面的商品推荐。

（3）隐私保护和数据安全

随着技术的进步，数据隐私和安全方面的技术与规定将日益完善，客户的信任感也将不断增强。

> **课堂互动：**
>
> 打开淘宝、京东等购物平台，找到相应的 AI 购物助手并体验，说说你的使用感受。

三、虚拟场景沉浸式体验

越来越多的平台推出了结合 AI、增强现实（Augmented Reality，AR）、虚拟现实（Virtual Reality，VR）等技术的虚拟场景体验服务，为客户带来了前所未有的购物体验。

1. 应用场景

虚拟场景在电子商务、房屋租赁、汽车销售等领域得到了广泛应用。平台通过生成高精度的三维模型和逼真的虚拟场景，让客户无须亲自试穿或体验，即可获得近乎真实的感受。这些技术的发展不仅改变了传统的购物模式，还推动了电子商务的创新和变革。

（1）虚拟试衣间

虚拟试衣间结合 AI、AR、VR 等技术，为客户提供了一种全新的购物体验。例如，淘宝平台推出的"AI 试衣间"，将客户的体型数据与服装的虚拟模型相结合。客户只需上传自己的照片或使用虚拟试衣应用中的实时摄像头功能，系统便能自动识别用户的体型特征，并将选中的衣物虚拟地"穿"在用户的身上。顾客可以调整服装的颜色、尺寸，甚至查看不同角度的效果，直观地感受衣物的实际穿着效果。图 7-4 所示为淘宝"AI试衣间"界面。

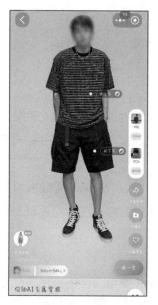

图 7-4　淘宝"AI 试衣间"界面

（2）虚拟测肤试妆

在美妆领域，远程测肤和试妆技术也得到了广泛应用。京东"功能实验室"中的"肌肤检测""AR 试试"等功能通过 AI 分析客户的面部特征和肤色，推荐最适合的化妆品。客户通过手机摄像头就能实时看到不同妆容的效果，这极大地提高了购买决策的便利性和准确性。图 7-5 所示为京东"功能实验室"界面。

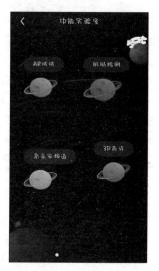

图 7-5　京东"功能实验室"界面

（3）新概念房屋交易

在房屋租赁和销售领域，虚拟场景也发挥了重要作用。为了解决传统房产行业房源展示不全面、实地看房不方便、线下带看效率低、异地置业成本高等问题，一些企业将

AI、VR 等技术巧妙融合，推出了智慧房产解决方案。该方案具备 VR 带看、AI 数字人讲解、3D 漫游等功能，旨在让客户高效、便捷地提前了解房源。同时，这种新奇的体验也能吸引客户，展现企业实力，增强客户的购买意愿。图 7-6 所示为某企业智慧房产解决方案介绍页面。

图 7-6　某企业智慧房产解决方案介绍页面

2. 面对的挑战

在 AI、AR、VR 等技术的发展应用过程中，一个主要的难题是人们对于实体物品的感知习惯和依赖，以及对机器和虚拟技术的本能排斥或怀疑。

（1）人类对实物感知的习惯与依赖

人们在购物时，倾向于通过触摸、观察和试用等方式来体验商品的质感、尺寸、色彩和功能。这种实体感知不仅是一种生理需求，还是一种心理上的满足。

例如，在选购服装时，客户通常需要试穿，以确保尺寸和款式的合适；在购买食品时，客户需要通过视觉和触觉来评估新鲜度和品质。这种对实体感知的依赖导致许多客户对在线购物，尤其是通过虚拟场景进行的购物，有一定的抵触情绪。

（2）对机器和虚拟技术的天然排斥或不信任

尽管技术在持续发展，但许多客户对机器和虚拟技术仍然持有本能的排斥或怀疑态度。这种怀疑主要表现在以下几个方面。

① 数据隐私与安全问题。客户担心他们的个人信息在虚拟场景中被收集和分析后可能会遭到滥用或泄露。尽管许多平台都承诺保护客户隐私，但数据安全事件的频发降低了客户对这些承诺的信任度。

② 缺乏互动性和人性化。与实体店购物相比，虚拟场景缺乏人与人之间的交流，使得购物体验显得冷漠。客户在实体店购物时，可以与店员进行交流并获得建议和帮助，而这种人性化的体验是机器难以复制的。

尽管人类对实体物品感知的习惯和对虚拟技术的排斥是虚拟技术发展的客观限制，但随着技术的发展和相关政策与流程的完善，AI、AR、VR 等技术有望在未来发挥更加重要的作用，不断推动行业的创新与变革。

> ⊘ **课堂互动:**
>
> 你最早是什么时候了解到 AR 与 VR 的概念的？分组讨论这两种技术目前的发展情况。

 **任务总结**

智能终端、AI 购物助手、虚拟场景等工具与技术拓展了售中服务的实现方式，丰富了客户的消费体验。随着时代的发展，更加高效、便捷、新颖、智能的技术与工具将会涌现，帮助企业重新定义售中服务的开展方式。

任务三　运用 AI 技术管理售后服务

售后服务一般包括产品包装与运输、产品安装与调试、产品维修与保养、使用指导与说明、投诉回复与处理、客户回访与关怀等内容。如何运用 AI 技术优化以上部分甚至全部工作内容，是每个拥抱 AI 的企业都必须思考的问题。

情景模拟

J 公司与 K 公司都是某区域的代表性物流公司。J 公司是一家传统的物流公司，已经成立十余年了，拥有一支庞大的物流团队。从货物分拣到仓库管理，再到物流信息服务，每个环节都配备了充足的人手。然而，随着时间的推移，人员成本的增加逐渐成为公司发展的沉重负担。尽管公司规模庞大，但效率低下，利润增长缓慢，这让 J 公司的总经理深感忧虑。

相比之下，K 公司虽然成立时间短，但业务发展速度十分惊人。一份外部调查报告显示，K 公司的员工数量远远少于 J 公司，但其订单量持续攀升，且在订单管理上极少出现差错。

在一次行业交流会上，J 公司总经理刘先生主动向 K 公司负责人黄女士请教。经过一番交流，刘先生终于明白，K 公司之所以能够实现高效运作，关键在于他们全面引入了 AI 技术。从客户下单的那一刻起，包括做单、打包、发货到物流信息更新，甚至是售后服务，每个环节都由 AI 系统自动处理。这不仅极大地提高了工作效率，还显著降低了错误率，使得 K 公司能够在保持低人力成本的同时实现业务量的快速增长。

虽然 J 公司是一家传统物流公司，全面引入 AI 技术可能会面临较大阻力，但是刘先生回到公司后，便立即着手准备进行改革，推进数字化转型。虽然变革之路充满挑战，但刘先生坚信，只有跟上时代的步伐，才能在激烈的市场竞争中立于不败之地。

思考:

1. 如果你是刘先生，你会在哪些业务中融入 AI 技术？

2. 为什么 J 公司全面引入 AI 技术会遇到阻力？你认为阻力会来自哪些方面？

3. 上述情景中提到，"只有跟上时代的步伐，才能在激烈的市场竞争中立于不败之地。"你如何看待这种说法？另外，你是否知道一些企业仍旧坚持一些"旧要求"与"旧习惯"？

先思考以上问题，完成任务三的学习后，再回答以上问题。

一、多模态 AI 处理售后请求

随着 AI 技术的飞速发展，多模态（Multimodal）AI 以其强大的信息处理能力，逐渐被应用到各行各业。

1. 多模态 AI 概述

多模态 AI 是一种能够同时处理和理解多种类型数据（如文本、图像、音频、视频等）的人工智能技术。它通过将这些不同模态的数据结合起来，实现更全面、更深入的理解和分析。

早期的 AI 模型只能处理单一模态的数据。随着技术的不断发展，多模态 AI 技术日益成熟，如今的 ChatGPT 不仅可以处理文本信息，还可以生成与理解图片、音频等，而许多其他 AI 大模型也逐渐支持了文生视频、图生视频的功能。

2. 多模态售后服务工具

虽然多模态 AI 具有很强的信息处理能力，但由于其仍处于快速发展阶段，还无法完全实现各模态信息的自由转换。因此，目前在售后服务领域，只有文本信息、图像信息与音频信息普遍使用了 AI 技术进行处理。视频信息由于本身具有复杂性，还无法广泛地使用 AI 技术来进行处理。

（1）文本与图像——AI 聊天助手

AI 聊天助手能够通过文本对话和图像识别，为客户提供全天候的售后服务。客户可以描述问题并上传故障图片，AI 聊天助手会根据历史数据和知识库快速给出解决方案。图 7-7 所示为某企业开发的 AI 聊天助手介绍界面。

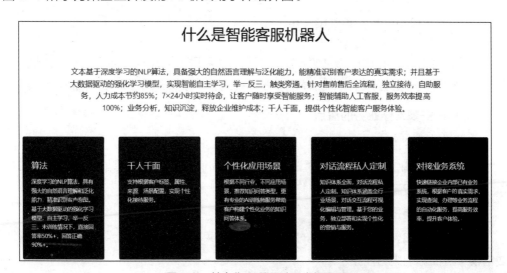

图 7-7　某企业 AI 聊天助手介绍界面

（2）文本与声音——AI 语音助手

AI 语音助手可以通过语音识别和自然语言处理等技术，实现与客户的语音交互。客户可以通过语音描述问题，AI 语音助手可以使用语音或文本的方式给出回复。图 7-8 所示为某企业开发的 AI 语音助手介绍界面。

图 7-8　某企业 AI 语音助手介绍界面

通过将文本、图像、音频等多种模态数据进行融合分析，多模态 AI 能够为客户提供更加智能、便捷、个性化的售后服务。随着技术的不断发展，运用 AI 技术处理视频模态的信息成为现实，这将为售后服务领域注入新的发展活力。

课堂互动：

回想你的购物经历，你更喜欢通过文本或图像与客服交流，还是通过语音与客服交流？你更希望在处理售后问题时，接待你的是人工客服还是 AI 客服？为什么？

二、安装维修机器人自动派单

在现代社会，随着科技的飞速发展，人们对售后服务的需求和期望也在不断提升。特别是在安装和维修服务领域，传统的派单方式已经难以满足高效、精准的服务要求了。

1. 传统安装维修业务的痛点

（1）人力成本高

传统的安装和维修服务依赖大量的人工安排和协调。这不仅增加了企业的人力成本，还可能出现资源浪费和调度不畅等问题。

（2）多部门协同效率低

在传统模式中，不同部门之间的协调可能缺乏实时性和准确性，导致信息传递延误或错误，进而影响服务质量。

（3）数据统计难度大

由于缺乏系统化的数据管理工具，企业难以准确统计和分析安装和维修服务的数据。这限制了企业对服务质量的监控和改进。

2. 安装维修机器人

（1）概述

安装维修机器人系统是一种基于 AI 技术的自动派单系统，专为高效处理客户安装和维修预约而设计。它内置先进的、可定制的 AI 大模型，具备出色的客户意图识别能力，并能智能地收集和分析客户信息。

另外，安装维修机器人系统往往还支持可视化流程配置和自定义系统集成对接，提供全天候的呼入与呼出服务。这一技术创新显著提高了企业内部的协作效率，为客户提供了更加便捷、高效的售后服务体验。

图 7-9 所示为某企业开发的安装维修机器人业务链路介绍。

（2）安装维修机器人的优势

① 超高算力的 AI 大模型，识别准确率高。安装维修机器人系统依托于强大的 AI 大模型，能够迅速理解和处理复杂的客户需求。高精度的语音识别能力确保了客户信息的准确获取，从而减少了因沟通不畅导致的错误。

② 量身定制的 AI 大模型，贴合业务需求。每个企业的业务需求都各不相同，安装维修机器人系统可以根据具体的业务场景进行定制化设置。这样，系统能够更加有效地处理特定行业的安装和维修请求，如家电、通信设备等。

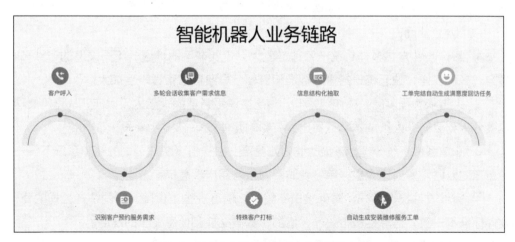

图 7-9　某企业安装维修机器人业务链路介绍

③ 多面集成的处理系统，业务运转流畅高效。安装维修机器人系统可以集成多种功能模块，如预约管理、工单生成和派单系统等。这种集成使业务流程更加流畅，从而提高整体运营效率。

④ 方便快捷的人机协作，业务风险全面规避。安装维修机器人系统能够与人类客

服无缝协作。机器人处理基础性和重复性任务，而复杂或特殊的问题则交由人工客服处理。这种人机协作模式不仅提高了工作效率，还有效规避了潜在的业务风险。

⑤ 动态可视的处理结果，业务复盘清晰明了。安装维修机器人系统可以在后台提供动态可视化的处理结果，使企业能够清晰地了解每个服务流程的执行情况。通过对数据的全面复盘，企业可以不断优化服务流程，提升客户满意度。

> **课堂互动：**
>
> 回想你的报修经历，你认为在你的经历中，企业哪些方面做得好，哪些方面做得不尽人意？

三、AI 赋能重构快递服务

1. 快递服务概述

快递服务是指通过专业的物流公司，将包裹或文件从寄件人处快速、安全地运送到收件人手中的服务。这种服务涵盖了包裹的收取、运输、投递及跟踪等多个环节，被广泛应用于电子商务、个人寄送、企业物流等领域。

在售后服务体系中，快递服务起着至关重要的作用。它不仅是客户购买体验的一部分，还是企业展示服务质量和品牌形象的重要窗口。高效、可靠的快递服务可以提升客户满意度，增强客户忠诚度，进而推动企业的销售增长和市场竞争力。

尽管快递服务在现代生活中发挥着重要作用，但传统快递服务仍存在许多痛点。下面分别从企业和客户的角度阐述这些痛点。

（1）对企业而言

① 寄件收件方式多样，统一管理难度大。企业在不同地区、不同渠道的寄件和收件方式多种多样，缺乏统一的管理标准和流程，导致运营管理难度加大。

② 人工依赖程度高，操作效率低。传统快递服务依赖大量人工操作，从订单处理、包裹分拣到派送，人工成本高且易出错，影响整体效率。

③ 账单系统不统一，数量庞大，对账困难。由于各个快递公司的账单系统不统一，企业在对账时需要处理大量账单，费时费力且容易出现差错。

④ 寄件收件标准不一，对外接口不统一，信息安全难保障。不同快递公司的寄件收件标准不一致，信息接口不统一，增加了数据交换和信息安全的难度。

（2）对客户而言

① 退换货流程复杂烦琐。传统快递服务的退换货流程通常需要客户填写多种表格，联系多个部门，步骤繁多且耗时。例如，客户在退换货时可能需要与快递公司和电商平台分别联系，提交多份证明材料，整个过程复杂且不透明，容易浪费客户的时间和精力。

② 配送信息显示不准确。在传统快递服务中，客户经常遇到配送信息不准确或延迟更新的问题。例如，包裹的物流信息可能显示已送达，但实际并未送到客户手中，或者物流信息更新滞后，客户无法及时了解包裹的当前位置和预计送达时间，这给客户带来很大的不便和不确定性。

③ 信息反馈不便捷不智能。传统快递服务的客户反馈渠道有限且响应速度慢。客户在遇到问题时，通常需要拨打客服电话，等待长时间的人工接听，且解决问题的效率低下。例如，客户在查询包裹状态或提出投诉时，可能需要重复多次信息验证，无法通过智能系统快速获取所需帮助。

 课堂互动：

　　回想你的网络购物经历，哪个平台的快递服务最让你满意？从客户的角度出发，你觉得快递服务可以从哪些方面进行改善？

2. AI 赋能快递服务

（1）AI 如何赋能快递服务

AI 技术的引入正全方位重塑快递服务的各个环节，从自动化操作到智能决策支持，均实现了质的飞跃，极大地提高了运营效率，提升了客户满意度。表 7-2 所示为 AI 在快递服务中的具体应用。

表 7-2　AI 在快递服务中的具体应用

序号	应用方向	具体说明
1	智能运输路线规划	AI 算法可以分析大量数据，包括交通流量、天气状况和道路条件，实时优化运输路线。这不仅能缩短运输时间、降低成本，还能提高配送效率
2	自动化仓储和库存管理	在仓储环节，AI 可以通过机器人和自动化系统，实现货物的自动分拣、搬运和存储。结合物联网技术，AI 还能实时监控库存水平，预测需求，优化库存管理，避免库存积压和缺货问题
3	智能包裹追踪	通过 AI 和 IoT 技术，企业可以实现包裹的实时追踪，并提供精准的物流信息。客户可以随时查看包裹的当前位置和预计到达时间，提高了透明度
4	自动货物分拣	在分拣中心，智能设备结合无线射频等技术，可以实现包裹的自动识别和分拣，大幅提高分拣效率和准确性，降低人工操作的错误率
5	无人配送	AI 技术在无人车、无人机等领域的应用，可以实现无人配送。特别是在最后一公里配送中，无人配送能够大幅提高效率，降低人工成本，解决偏远地区的配送难题
6	智能决策支持	AI 可以分析海量物流数据，提供智能决策支持，包括库存管理、运输调度、资源配置等，从而提高整个物流系统的运营效率
7	客户服务智能化	AI 客服系统可以通过自然语言处理技术，快速响应客户的查询和投诉，提高客户服务的效率和质量。同时，AI 可以分析客户行为和偏好，提供个性化服务和建议，增强客户体验

AI 在快递服务中的应用广泛，涵盖了从运输优化、仓储管理到客户服务等多个环节。随着技术的不断进步，AI 将进一步推动物流行业的智能化和高效化发展，为企业和客户

创造更大的价值。企业应自建或采购 AI 驱动的快递管理系统，革新快递管理方式，增强客户体验。图 7-10 所示为某企业开发的智能快递管理系统介绍。

图 7-10 某企业智能快递管理系统介绍

（2）如何更好地用 AI 赋能快递服务

① 相关企业方面。

首先，相关企业需要积极整合各类资源，如技术资源、人才资源和数据资源等。通过与 AI 技术提供商合作，引入先进的 AI 技术和解决方案，提升快递服务的智能化水平。同时，加强内部人才培养和技术团队建设，确保能够充分利用并有效维护这些技术资源。

其次，企业应增加对 AI 技术的研发和应用投入，包括资金、设备和时间等方面。通过持续投入，推动 AI 技术在快递服务中的深入应用和不断创新，进而提高服务质量和效率。

此外，企业应转变思维，以开放、创新的态度积极拥抱 AI 技术。通过探索新的业务模式和服务方式，将 AI 技术与快递业务深度融合，打造具有强大竞争力的智能化快递服务。

② 政府等监管部门方面。

首先，政府等监管部门需要进行顶层设计，制定明确的智能化发展战略和规划。通过引导和规范行业发展，推动快递服务与 AI 技术的深度融合，促进行业整体的转型升级。

其次，政府等监管部门应建立健全的智能化快递服务标准和规范体系，确保各企业在应用 AI 技术时遵循统一的标准和流程。这有助于提高整个行业的服务质量和效率，保障客户权益。

另外，政府等监管部门应提供政策支持，鼓励企业加大在 AI 技术方面的研发力度，促使 AI 技术的应用突破行业壁垒，进而推动全社会各领域在 AI 技术的赋能下加速发展。

四、预测性维护提前介入

1. 预测性维护概述

预测性维护（Predictive Maintenance，PdM）是一种前沿的维护策略。其核心在于通过采集设备运行时的数据，运用高级数据分析和建模技术，准确识别出设备可能存在的故障隐患或性能衰退迹象。这种方式使得企业能够在设备真正出现故障前就采取必要的维护措施，从而有效避免因设备故障导致的生产停滞或安全事故。

相较于事后维修和定期维护，预测性维护凭借其"提前介入"的特性，能够显著减少设备非计划停机时间，延长使用寿命，有效降低整体的维护费用。

图 7-11 所示为某企业预测性服务功能介绍页面。

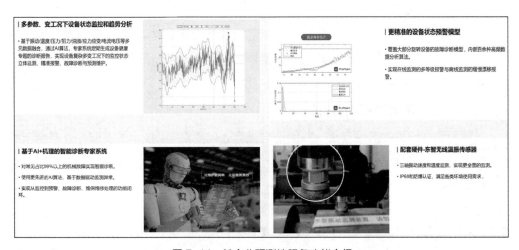

图 7-11　某企业预测性服务功能介绍

2. 预测性维护的落地难点

虽然预测性维护在理论上具有诸多优势，可以有效提升售后服务体验，但"预测"本身是一项颇具挑战性的任务。在实际落地过程中，企业可能会面临一系列的困难与挑战。

（1）技术复杂且人才素质要求高

预测性维护涉及多种高级技术，如物联网、大数据、人工智能等。这些技术的应用不仅要求企业拥有高水平的技术基础设施，还需要拥有专业技能和丰富经验的技术人才。然而，目前市场上此类高素质人才供不应求，导致企业在实施过程中面临技术难度和人才短缺的双重挑战。

（2）前期投入高且回报周期难测

实施预测性维护需要大量的前期投入，包括购买传感器和数据采集设备、搭建数据分析平台，以及招聘和培训技术人员。这些投入在短期内难以获得显著的经济回报，尤其对于中小型企业而言，可能会产生较大的财务压力。即使在大型企业中，投资回报周期的不确定性也会影响管理层的决策。

（3）数据数量与质量均难以保证

预测性维护依赖于大量高质量的数据来进行故障预测和状态评估。然而，在实际操作中，数据的获取和管理面临诸多问题。例如，设备传感器可能会受到环境因素的干扰，导致数据不准确或不完整；数据存储和传输过程中也可能存在丢失和错误，从而影响预测模型的准确性和可靠性。

（4）预测模型开发复杂且维护困难

预测性维护需要开发和维护复杂的预测模型，而这些模型需要结合设备的运行特点、历史数据和故障模式进行精细调整。开发一个准确且可靠的预测模型需要大量的时间和资源，并且需要持续维护和优化，以适应设备运行状态和外部环境的变化。

（5）试点容易但推广受阻

预测性维护在单个设备或小规模试点中可能取得显著成效，但在大规模推广时往往面临复制难题。这是由于不同设备之间的差异性、数据标准的不统一，以及企业内部流程的复杂性所导致的。

3. 基于 AI 技术的预测性维护

虽然预测性维护的落地存在一些困难与挑战，但随着 AI 技术的发展，一条全新的预测性维护落地之路已经逐渐清晰。

（1）明确目标，做好前期评估

实施基于 AI 的预测性维护之前，企业必须首先明确自身的目标和期望。这包括对维护成本、设备停机时间、生产效率等关键指标的具体要求。同时，企业需要对现有设备状况、维护流程及数据收集能力进行全面评估，以确定实施预测性维护的可行性和潜在效益。

（2）科学分析，选对实施对象

并非所有设备都适合进行预测性维护。因此，企业需要通过科学分析，筛选出那些对生产至关重要、故障成本高昂且具备数据收集条件的设备作为实施对象。这样，企业可以集中资源，确保预测性维护项目能够取得最大效益。

（3）明确范围，精准收集数据

数据是预测性维护的核心。企业需要明确数据收集的范围和类型，包括设备运行数据、故障历史记录、维护日志等。通过安装传感器、连接设备接口等方式，精准地收集这些数据，为后续建模和预测提供坚实基础。

（4）准确建模，提升模型能力

基于收集到的数据，企业需要利用 AI 技术构建预测模型。这些模型能够学习设备的正常运行模式和故障模式，从而预测设备未来的状态。为了提高模型的准确性，企业可能需要采用多种算法进行比较和优化，确保模型能够真实反映设备的实际运行情况。

（5）注重维护，融合运营体系

预测性维护不仅仅是一个技术项目，更需要与企业的日常运营体系相融合。企业需要建立相应的维护流程，包括故障预警机制、维护计划制订、维护任务执行等。同时，通过定期评估和维护模型，确保其持续有效，为企业的长期运营提供支持。

（6）整合 AI 技术，赋能预测性维护

企业需要不断整合最新的 AI 技术，提升预测性维护能力。这包括引入更先进的算法、优化数据收集和分析过程、拓展预测性维护的应用范围等。通过技术赋能，企业可以更加精准地预测设备故障，提高维护效率，从而在激烈的市场竞争中保持领先地位。

任务总结

随着 AI 技术在售后服务领域的运用不断加深，其发挥的作用越来越大。政府、企业、客户等主体应共同创造和维护科学合理的 AI 技术发展与运用环境，促使 AI 技术为客户服务、为社会进步贡献更多、更有力的力量。

【同步实训】

实训 分析 AI 技术与其他技术的关系

1. 实训目的

（1）调研 AR、VR、大数据、云计算、物联网等技术的发展现状与未来趋势。

（2）理解 AR、VR、大数据、云计算、物联网等技术与 AI 技术的关系。

（3）锻炼资料收集与数据分析能力，并掌握调研报告的撰写技巧。

2. 实训背景

小明是一名市场分析师，他负责分析公司的销售数据和客户行为数据，以协助制定市场推广策略。公司近期引进了一套先进的大数据推送系统，该系统利用 AI 技术实时分析数据，生成精准的营销推送。通过对小明的分析过程和推送效果的研究，我们发现大数据推送机制与 AI 技术的结合在提高数据分析效率、优化市场策略等方面发挥了重要作用。

小明在使用系统的过程中发现，传统的数据分析方法往往依赖于人工统计和简单的图表展示，难以实时处理和分析海量数据。而大数据推送系统则利用 AI 技术，能够自动化处理大量数据，实时生成分析报告和营销建议，大大提高了工作效率和决策准确性。这一过程让小明深刻认识到大数据推送机制与 AI 的紧密联系，并激发了他对如何进一步优化数据分析流程的兴趣。

3. 实训要求

认真阅读实训目的与实训背景，发挥主观能动性，完成以下任务。

（1）授课老师介绍 AR、VR、大数据、云计算、物联网等技术的应用案例，引出具体的实训内容：撰写一篇关于 AI 技术与其他技术关系的调研报告。

（2）调研主题的选择方向包括 AR、VR、大数据、云计算、物联网等技术。授课老师将学生分成若干个 3～5 人的小组，并为每个小组确认一个调查主题。例如，第一小组的调研主题为"AI 技术与 AR 技术的关系"，第二小组的调研主题为"AI 技术与大数据技术的关系"。

（3）授课老师明确调研报告的格式、字数、完成方式及交稿日期等。

（4）授课老师制定并公布调研报告的点评方式与点评标准。

（5）学生完成调研报告并提交后，由授课老师组织点评。点评结束后，学生根据点评意见进行修改，并将最终结果提交留档，作为学生学习效果的重要评估依据。

（6）授课老师带领学生回顾实训过程，解答学生疑问，总结实训结果。

 【拓展延伸】

智慧物联网

物联网（Internet of Things，IoT）是指通过互联网将各种物理设备和传感器互联起来，形成一个覆盖广泛、功能强大的网络系统。这些设备包括但不限于家电、车辆、工业机器、环境传感器等，它们通过传感器、软件及其他技术手段，能够实时收集和传输数据。物联网的核心目标是实现设备间的数据交流和互操作，从而实现智能化的监控、管理和优化，以提高效率、节约资源和改善用户体验。

例如，在智能家居系统中，用户可以通过手机远程控制家中的灯光、空调和安全系统，这些设备能够实时反馈其状态和运行情况。物联网的应用场景极为广泛，从智能城市、智慧农业到智能医疗等领域，都可以通过物联网技术实现数据驱动的智能决策和服务。

智能化物联网（Artificial Intelligence & Internet of Things，AIoT）是物联网技术与 AI 技术的深度融合。它不仅实现了设备间的数据互联，还通过 AI 技术赋能这些设备，使其具备智能分析、预测和决策的能力。AIoT 系统利用机器学习和数据分析技术，从大量的设备数据中提取有价值的信息，从而提升设备的自主决策能力和服务水平。在客户服务领域，AIoT 可以在智能物流、设备检测、远程调试、预测性维护等方面发挥重要作用。

【项目总结】

本项目的项目总结如图 7-12 所示。

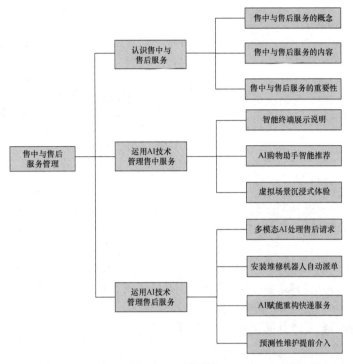

图 7-12　项目总结

课后思考

1. 简述售中服务的主要内容。

2. 简述售后服务的主要内容。

3. 你平时购物后，会给店家点评吗？你了解企业如何收集与处理这些评价信息吗？结合实际，展开调查，并撰写一篇调查报告。

PART 08

项目八
客户服务质量管理

【项目导读】

  一份来自"沙丘社区"的《2024中国"大模型+智能客服"最佳实践案例 TOP10》榜单，从价值性、实用性、创新性、示范性四个维度出发，调研并收集了 34 个"大模型+智能客服"实践案例。其中，"基于中国电信大模型底座的'谛听'客服智能体创新项目"案例详情如下：2024 年初，湖北电信公司与中电信人工智能科技有限公司合作启动了"谛听"客服智能体创新项目。在万号客服接听人工来话的长尾问题场景中，该项目采用了大小模型协同、多智能体混编技术，提高了意图命中及关键实体的精准率，进而提高了对客户诉求的一次解决率，并有效缩短了系统内操作时长，提高了客户服务满意率，缓解了坐席压力。

  "基于中国电信大模型底座的'谛听'客服智能体创新项目"案例的入选理由是：传统自然语言理解（Natural Language Understanding, NLU）技术在应对意图识别场景时能力有限，而大小模型协同能够更好地理解用户意图和需求，同时又能兼顾响应的及时性。本案例使用大小模型协同来改进意图识别流程，有效提高了意图识别准确率；长尾问题通常涉及领域广泛、答案多样，本案例利用大小模型协同技术提高了对长尾问题的处理效率，有效缓解了客服人员的工作压力，为业务繁多且复杂的客服场景提供了有益参考。

【学习目标】

知识目标

> ➢ 了解客户服务质量的概念。
> ➢ 熟悉影响客户服务质量的因素。
> ➢ 理解客户服务质量的重要性。
> ➢ 熟悉客户服务质量的评价标准、评价方法及评价步骤。
> ➢ 理解 AI 技术如何在提高客户服务质量方面发挥作用。

素养目标

> ➢ 强化服务意识，培养奉献精神。
> ➢ 提升解决问题的能力，具备处理复杂客户问题的能力。
> ➢ 增强对 AI 技术的认识与理解，保持对 AI 技术发展的持续关注。
> ➢ 培养持续改进的思维，具备持续提高服务质量的意识。

提高客户服务质量的本质在于持续满足并超越客户的期望，这是企业成功的关键。

任务一　认识客户服务质量

客户服务质量是企业运营中的核心要素，它不仅反映了企业的服务能力，更是企业文化和价值观的体现。在全球化和互联网经济的大背景下，客户服务质量已成为企业竞争力的重要标志。

 **情景模拟**

"星光家居"是一家中型家居用品零售企业，近年来一直面临着激烈的市场竞争和客户服务质量下滑的问题。李明是"星光家居"的客户服务经理，他面临着日益严峻的客户反馈和市场压力。

为了提高服务质量，李明推行了以客户为中心的企业文化，设计了一套激励机制，并定期组织团队建设活动。然而，公司内部的文化转变进展缓慢，员工对新文化的认同感不足；激励机制的效果也不如预期，部分员工对激励措施产生了怀疑，导致员工的积极性没有得到提高，企业文化的变革难以深入。

思考：

1. 李明提高服务质量的操作是否正确？他是否忽视了某些关键步骤？
2. 推行企业文化建设这项决策是否有助于提高服务质量？
3. 你认为客户服务质量主要受到哪些因素的影响？

先思考以上问题，完成任务一的学习后，再回答以上问题。

一、客户服务质量的概念

客户服务质量是指企业为满足客户需求而提供的一系列服务活动中，服务工作能够满足客户明确或潜在需求的特征和特性的总和。这些服务活动也体现了企业对服务标准和服务水平的承诺与保障。

从企业的角度来看，客户服务质量是企业提供的服务能力和服务水平的体现；对客户而言，服务质量是他们感知到的服务水平与预期服务水平的匹配程度。

客户服务质量不仅关注服务的结果（即是否满足了客户的需求），还关注服务的过程（即如何提供服务和客户在服务过程中的体验）。

二、影响客户服务质量的因素

客户服务质量是一个复杂且多维度的概念，受到多种因素的共同影响。了解和分析这些因素有助于企业制定有效的服务策略，从而提升客户满意度和忠诚度。这些因素大致可以分为内部因素和外部因素。

1. 内部因素

（1）员工素质

员工素质是影响客户服务质量的核心内部因素之一。员工是客户服务的直接提供者，他们的专业知识、服务态度和沟通能力等直接决定了客户的体验和满意度。

① 专业知识。具备丰富产品或服务知识的员工能够有效地解决客户的问题，并提供有价值的建议。

② 服务态度。员工的服务态度对客户体验至关重要。友好、耐心和尊重的态度可以让客户感到被重视和尊重，从而提升客户满意度。相反，不耐烦或不友好的态度可能导致客户不满甚至流失。

③ 沟通能力。清晰有效的沟通能够避免误解，帮助客户更好地理解信息。

（2）企业文化

企业文化是影响员工行为和态度的深层次因素，它决定了企业对客户服务的重视程度。

如果企业文化重视客户满意度和服务质量，员工也会受到这种文化的影响，积极为客户提供高质量的服务。相反，如果企业文化中缺乏对客户服务的重视，员工可能会表现出冷漠或敷衍的态度，从而影响客户的体验。

良好的企业文化还包括透明的内部沟通和激励机制。员工对企业的愿景和目标理解得越深刻，内部沟通越顺畅，团队凝聚力就越强，服务的一致性也越高。此外，通过表彰优秀员工的服务表现，也可以激励整个团队持续提高服务质量。

（3）服务流程

服务流程的设计和管理也是影响客户服务质量的重要内部因素。服务流程并非越简单越好，也并非越复杂越好，企业应根据企业性质、产品类型、服务类型、客户特征等因素设计科学的服务流程。

另外，在服务流程中增加透明度，让客户了解每个服务环节的进展，可以增强客户的信任感。同时，建立及时的客户反馈机制也有助于企业了解客户体验，及时做出调整和改进。

（4）技术支持

现代客户服务离不开技术支持。良好的技术基础设施可以提高服务效率。使用先进的客户关系管理系统，运用 AI、大数据等技术，可以帮助企业更好地跟踪客户互动历史，提高服务的响应速度和准确性，提供更加高效、个性化的服务。

（5）产品质量

服务质量与产品质量密切相关。高质量的产品能减少客户投诉和售后服务的压力，同时提升客户满意度。相反，低质量的产品会增加客户对服务的依赖，导致服务压力增大。因此，确保产品质量是提高客户服务质量的重要前提。

此外，产品质量的一致性也是关键。确保不同批次和不同市场的产品标准一致，可以增强客户的忠诚度。

2．外部因素

（1）市场竞争

市场竞争状况会对客户服务质量产生重要影响。在竞争激烈的市场中，企业往往需要提供更优质的服务来吸引和留住客户。竞争对手的服务标准和创新实践也会促使企业不断改进自己的服务水平。

（2）客户期望

客户期望是动态的，可能会受到品牌承诺、行业标准和社会文化等因素的影响。有的客户可能期望得到更个性化和细致入微的服务，有的客户却更加关注服务的效率和便捷性。企业对客户期望把握的准确程度会影响客户对服务质量的满意程度。

（3）社会文化环境

社会文化环境包括客户的文化背景、价值观和社会风尚等，这些因素都会影响客户的服务体验。在某些文化背景下，客户可能更加注重礼貌和尊重，而在另一些文化中，效率和直截了当的沟通可能更受重视。因此，企业需要理解和尊重不同文化背景下的客户需求，提供符合他们期望的服务。

综上所述，影响客户服务质量的因素是多方面的。企业需要全面考虑这些因素，优化内部管理，积极应对外部环境变化，制定全面的服务质量管理策略。

课堂互动：

企业文化如何具体影响员工的服务表现？请分享一个你认为成功的企业文化案例，以及它如何提高了服务质量。

三、客户服务质量的重要性

客户服务质量对于企业的生存和发展至关重要。它不仅是客户体验的一部分，还是企业品牌形象、市场竞争力和长期发展战略的重要组成部分。以下将从多个角度深入探讨客户服务质量的重要性。

1．塑造品牌形象

客户服务质量直接影响客户对企业品牌的认知和看法。优质的客户服务能够提升企业的品牌形象，使企业在客户心中留下积极的印象，从而在激烈的市场竞争中脱颖而出。相反，劣质的客户服务会损害企业的品牌形象，导致企业失去现有和潜在客户的信任。

2．增强市场竞争力

在当前的市场环境下，产品和服务日益同质化，高质量的客户服务成为企业区别于竞争对手的关键因素之一。通过提供超出客户期望的服务，企业可以建立独特的市场竞争优势，吸引更多客户，提高市场份额。

3. 提升客户忠诚度

优秀的客户服务质量能够促进客户忠诚度的提升。感到满意的客户更有可能成为回头客，长期为企业带来稳定的收益。此外，忠诚的客户还会通过口碑传播，为企业吸引更多新客户，形成良性循环。

4. 创造经济价值

客户服务质量还直接关系到企业的经济价值。高满意度的客户服务不仅可以提高客户的复购率，降低营销成本，还可以通过提升客户忠诚度和口碑效应，增加企业的利润来源。同时，良好的客户服务还可以提升客户的总体价值，为企业带来更高的经济收益。

5. 支撑长期发展战略

客户服务质量是企业长期发展战略的重要支撑。通过持续提高服务质量，企业可以更好地适应市场变化，及时响应客户需求，从而保持可持续发展。此外，优秀的客户服务还可以帮助企业在危急时刻赢得客户的支持，减少负面影响。

企业应将提高客户服务质量当作一项长期的战略任务，不断优化服务流程，提高服务水平，以实现企业的持续健康发展。

课堂互动：

在全球化的背景下，跨文化客户服务面临哪些挑战？

任务总结

客户服务质量是企业服务能力和服务水平的体现。优质的客户服务对于塑造品牌形象、提高市场竞争力、增强客户忠诚度、创造经济价值以及支持企业的长期发展战略至关重要。客户服务质量既受到员工素质、企业文化、服务流程、技术支持和产品质量等内部因素影响，又受到市场竞争、客户期望和社会文化环境等外部因素的影响。

任务二　评价客户服务质量

客户服务质量的提高始于对客户服务质量的评价。明确评价标准、选对评价方法、践行正确步骤，是评价客户服务质量的基本前提。

情景模拟

由于"星光家居"通过推行企业文化提高客户服务质量的举措没有达到预期效果，客户服务经理李明总结了经验，咨询了前辈，决定先展开一次全面的客户服务质量评价。

为了真实评价服务质量，李明首先试验了神秘顾客调查法。公司训练了一批调查人员，让他们以普通顾客的身份深入体验公司的实际服务。这项举措取得了一些成效，发现了一些公司在客户服务领域的问题。见方法奏效，李明又设计了一套专门的客户服务评价模型，专门用于公司的客户服务评价工作。

思考：

1. 上述情景中，李明使用神秘顾客调查法评价客户服务质量，你还知道其他的评价方法吗？

2. 你认为客户服务质量的评价标准有哪些？

3. 你觉得客户服务质量的评价步骤有哪些？

先思考以上问题，完成任务二的学习后，再回答以上问题。

一、客户服务质量的评价标准

评价客户服务质量需要从客户与企业两个角度进行。从客户的角度来看，客户满意度与忠诚度是客户服务质量的根本评价标准，这种标准是抽象的、宽泛的、宏观的。从企业的角度来看，响应速度、服务态度等具体的、细致的、微观的标准更加适合用来评价客户服务质量。

两者的关系可以这样简单理解：企业虽然为客户服务付出了许多努力，如提高响应速度、端正服务态度等，但只要客户不表示满意，企业在响应速度、服务态度方面做得再好，都无法认定企业提供了高质量的服务。与此同时，企业却不能忽视响应速度、服务态度等具体的、细致的、微观的标准，因为这些标准与服务质量往往呈正相关。因此，在绝大多数情况下，企业只需关注相关指标的达成情况，便可进一步推断出客户服务的质量。

1. 从客户出发的评价标准

从客户的角度来看，客户满意度和忠诚度是最根本的评价标准。这个标准反映了客户对服务的整体感受和长期行为倾向。

（1）客户满意度

客户满意度通常涉及客户对服务各方面的感知，包括服务质量、响应时间、员工态度等。企业可以通过调查问卷、电话访谈、在线评价系统等方法收集客户的直接反馈。调查问卷是最常用的方法，它通过一系列问题来测量客户对服务的满意度，例如：服务是否符合客户的期望？客服人员是否表现得友好和专业？问题解决是否及时有效？

此外，企业还可以通过分析客户行为数据，如好评率、投诉率等，来推断客户的满意度。

（2）客户忠诚度

客户忠诚度反映了客户在面对竞争时继续选择同一品牌或企业的倾向。它可以通过客户留存率、客户净推荐值、客户生命周期等指标来进行评价。由于相关指标已在项目五的任务二中进行解释，此处不再赘述。

2. 从企业出发的评价标准

从企业出发的评价标准，主要体现了企业对客户服务质量方面的要求，类似于绩效考核标准。一般而言，只要企业客服人员坚持了相关标准，便可以提供优质的客户服务。从企业出发的评价标准包括客户服务响应速度、客户问题处理速度、客户服务态度、客服人员的专业能力、客户服务流程科学性等。

（1）客户服务响应速度

客户服务响应速度是评价客户服务效率的重要指标，它指的是企业在收到客户请求或反馈后的回应时间。快速的响应不仅能够提升客户满意度，还能减少客户等待的焦虑。企业通常设定特定的响应时间标准，例如"三十分钟内回复邮件""一小时内给出解决方案"等。

（2）客户问题处理速度

客户问题处理速度是指企业解决客户问题的时间效率，涵盖从问题的识别、诊断到最终解决的全过程。高效处理问题能够显著提升客户的满意度，尤其是在处理复杂或紧急问题时。企业可以通过引入问题追踪系统、优化工作流程、加强员工培训等方式来加快客户问题处理速度。

（3）客户服务态度

客户服务态度是客户在与企业互动过程中感受到的员工表现，包括友好程度、耐心程度、礼貌程度等。坚持积极、友好的服务态度可以更容易地赢得客户的信任，即使在解决问题的过程中出现一定困难，客户表示理解的可能性也会更高。

（4）客服人员的专业能力

客服人员的专业能力是决定服务质量的核心要素之一，包括对产品或服务的深刻理解、问题解决能力及有效的沟通技巧等。

（5）客户服务流程科学性

科学合理的客户服务流程是高效客户服务的基础。科学性体现在流程的设计和执行上，包括服务步骤的逻辑性、资源分配的合理性及服务质量的可控性。好的流程设计应能最大化服务效率，同时缩短客户的等待时间并消除服务障碍。

二、客户服务质量的评价方法

客户服务质量评价是一个系统且多维度的过程，要求企业采用多种方法以全面、深入地了解服务的实际表现及客户的真实感受。不同的评价方法各有特点，能够从不同角度判断服务质量的优劣。以下是 5 种常见的评价方法。

1. 神秘顾客调查法

（1）方法概述

神秘顾客调查法作为一种直接且有效的评价方式，已被广泛应用于各类服务行业。该方法通过训练有素的调查人员以普通顾客的身份深入体验服务，从而获取第一手的、真实的服务质量反馈。这些神秘顾客在不暴露身份的前提下，全面观察并记录服务过程中的各项细节，如服务人员的态度是否友好、专业知识是否充足，以及响应速度是否及时等。

例如，在零售行业中，神秘顾客可能会关注店员的产品推荐技巧、结账效率以及退换货流程的便捷程度；而在餐饮领域，他们则可能重点考察餐厅的环境卫生、菜品质量及服务员的礼貌程度。

（2）优缺点分析

① 优点。神秘顾客调查法能够提供真实、客观的服务体验反馈，因为评估是在服务人员不知情的情况下进行的，可避免服务人员的刻意表现。该方法有助于捕捉服务流程中的细节，特别是员工与客户互动环节。

② 缺点。这种方法成本较高，需要专业的神秘顾客及大量时间投入。另外，由于它仅覆盖了神秘顾客所经历的特定服务场景，可能无法全面反映所有客户的体验。

2. 服务质量特性评价法

（1）方法概述

服务质量特性评价法是一种全面且系统的评价方法，它侧重于评价服务的具体特性以满足客户的期望和需求。该评价法通常涵盖 5 个关键方面，具体如表 8-1 所示。

表 8-1　服务质量特性评价法的 5 个关键方面

序号	关键方面	详细说明
1	功能性	评价服务是否具备满足客户基本需求的功能。以在线教育平台为例，其功能性体现在课程种类的丰富性、学习资源的及时更新和学习工具的易用性等方面
2	安全性	考察服务过程能否确保客户的人身和财产安全不受损害。例如，在金融行业，安全性至关重要，涵盖客户资金的安全存储、交易信息的保密性，以及防范金融诈骗的能力等
3	时间性	衡量服务能否在客户期望的时间内完成。例如，在医疗领域，时间性体现在挂号、候诊、取药等各个环节的等待时间上，这直接影响患者的就医体验
4	文明性	评价服务人员的礼貌程度与服务态度。在旅游行业，导游的讲解水平、服务态度及处理突发事件的能力等都是文明性的重要体现
5	经济性	分析服务的性价比，即客户是否认为所支付费用与服务价值相符。对消费者而言，经济性是选择服务时的重要考量因素之一。此外，经济性还包括企业提供的服务是否在可控成本范围内

通过深入剖析这些服务质量特性，企业能够更精准地把握客户的需求与期望，进而制定更具针对性的服务改进策略。

（2）优缺点分析

① 优点。服务质量特性评价法通过评估服务的具体特性来提供细致入微的服务质量信息，有助于识别服务中的具体优势和不足，为改进服务提供指导。

② 缺点。由于需要评估的特性较多，收集和分析数据的过程可能比较烦琐，且需要有足够的专业知识来正确理解和评价每个服务特性。

3．SERVQUAL 模型法

（1）方法概述

SERVQUAL（Service Quality）模型法是一种结构化的服务质量评价工具，它包含 5 个核心维度，旨在全面衡量客户对服务质量的感知，具体如表 8-2 所示。

表 8-2　SERVQUAL 模型法的 5 个核心维度

序号	核心维度	详细说明
1	可靠性	强调服务的稳定性和一致性，如航空公司的准点率、快递公司的准时送达率等。这些指标直接关系到客户对服务的信任度和满意度
2	响应性	关注企业服务响应的速度和效率，以及员工主动为客户服务的意识。例如，在电商领域，响应性体现在客服的快速回复、售后问题的及时处理等方面
3	保证性	评价员工的专业知识、技能和礼貌程度，以及客户对服务的整体信任感。例如，金融服务中的专业顾问、法律咨询中的专业律师都需要展现出高度的保证性
4	同情心	强调企业对客户的关心、理解和个性化服务。例如，在医疗服务中，医生的耐心倾听、对患者的情感支持及个性化的治疗方案都体现了同情心的重要性
5	有形性	关注服务的物理环境、设施设备和员工的外表等有形因素。以酒店为例，整洁舒适的客房、现代化的健身设施及专业着装的员工都是有形性的具体展现

通过 SERVQUAL 模型的应用，企业能够系统地收集和分析客户对服务质量的感知数据，从而识别出服务中的优势和不足，为持续改进服务质量提供有力支持。

（2）优缺点分析

① 优点。SERVQUAL 模型提供了一个清晰的框架，以 5 个核心维度全面评估服务质量。这种方法有助于系统地识别客户的期望与实际体验之间的差异，从而指导服务改进。

② 缺点。该模型比较依赖客户的主观感受，可能受到个人期望水平和情绪状态的影响，从而影响评价结果的客观性。此外，实施 SERVQUAL 调查需要更多的时间和资源投入。

4．关键事件法

（1）方法概述

关键事件法是一种聚焦于服务过程中关键时刻的评价方法。这些关键时刻可能是客户感受到特别满意或特别不满意的瞬间，对客户的整体服务体验将产生深远影响。通过收集和分析这些关键事件，企业能够深入了解哪些服务行为能够赢得客户的高度认可，哪些行为则可能导致客户的不满与抱怨。

例如，在餐饮行业，一次周到细致的生日庆祝服务可能会成为客户心中的正面关键事件，而一次因食物过敏引发的健康问题则可能成为负面关键事件。通过对这些关键事件的深入剖析，企业能够及时调整服务策略，减少类似问题的发生，从而提高整体服务质量。

（2）优缺点分析

① 优点。关键事件法能够揭示导致客户极度满意或不满意的具体事件，为理解客

户体验的决定性因素提供深刻见解。这对于改进服务流程和提升客户满意度至关重要。

② 缺点。该方法往往侧重于极端情况，可能忽视日常服务过程中的一些重要细节。同时，收集和分析关键事件需耗费较多时间与精力。

5. 绩效考核法

（1）方法概述

绩效考核法是一种内部导向的服务质量评价方法。它通过设置具体的绩效指标来量化评价员工的服务表现，从而确保服务质量的稳定性与持续提升。这些绩效指标通常包括客户满意度评分、问题解决速度、服务过程中的错误率等。企业可以定期对这些指标进行考核与分析，以便及时发现并解决潜在的服务问题。

以客户服务中心为例，通过监控客服代表的接通率、平均处理时间和首次解决率等关键绩效指标，管理者能够保障客服团队始终保持高效且专业的服务水平。同时，绩效考核结果还可作为员工激励与培训的重要依据，进一步推动服务质量的提高。

（2）优缺点分析

① 优点。借助量化的绩效指标，绩效考核法能够为服务质量提供客观的评价标准。这有利于持续监控服务表现，并及时调整服务策略。

② 缺点。这种方法可能导致员工过度关注绩效指标，从而忽视服务过程中其他重要方面，如客户的情感需求。另外，过度依赖绩效考核可能给员工带来压力，影响其工作积极性。

课堂互动：

假设你是一家经济型酒店的负责人，你会采用哪种方法评价客户服务质量？为什么？与同学交流讨论。

三、客户服务质量的评价步骤

客户服务质量的评价需要遵循科学的方法和步骤，以确保评价结果的准确性和实用性。以下是评价客户服务质量的详细步骤，包括制定评价方案、收集数据、分析数据、制定改进措施、实施跟进和评价等环节。

1. 制定评价方案

（1）确定评价目标

进行客户服务质量评价之前，首先要明确评价的目标。这些目标可以包括了解客户满意度、识别服务中的问题、评价服务流程的效率等。

（2）设定评价标准

根据评价目标，设定相应的评价标准。这些标准应涵盖服务的各个方面，如响应速度、解决问题的能力、沟通技巧等。标准的设定要明确、可量化，以便后续的数据收集和分析。

（3）选择评价方法

选择适合的评价方法以实现设定的标准。常用的评价方法包括神秘顾客调查法、服务质量特性评价法、SERVQUAL 模型法、关键事件法、绩效考核法等。企业应结合已有资源与实际需求，选择合适的方法或结合多种方法进行评价。

2．收集数据

（1）设计数据收集工具

设计有效的数据收集工具，如问卷、调查表、评分系统等。这些工具需要根据评价标准进行设计，确保能够准确捕捉客户的反馈和服务表现。

（2）实施数据收集

根据设定的方法，实施数据收集。这可以包括发放问卷、进行深度访谈、监控在线评论等。数据收集过程中要注意样本的代表性和数据的完整性。

（3）记录和存储数据

确保所有收集到的数据都已被准确记录和存储。使用合适的数据管理系统来整理和存储数据，以便于后续的分析和报告。

3．分析数据

（1）整理数据

对收集到的数据进行整理和分类。这包括将数据按照预设标准进行分类，例如，将客户反馈分为正面、负面、中立 3 类。数据整理有助于清晰地呈现服务质量的各个层面。

（2）分析数据

运用统计分析方法分析数据，以识别服务质量的趋势和模式。可采用平均值、标准差、相关性分析等方法量化服务表现。

（3）生成报告

基于数据分析结果，生成详细的服务质量报告。报告应包括关键发现、数据图表、趋势分析及改进建议。其目的在于为决策者提供清晰的服务表现概况和改进方向。

4．制定改进措施

（1）确定改进领域

根据分析结果，确定需要改进的领域和优先级。这可能涉及提高响应速度、优化服务流程、加强员工培训等方面。

（2）制订改进计划

制订详细的改进计划，包括具体措施、实施步骤和时间表。计划中应明确责任人、资源需求和预期成果。

（3）实施改进措施

按照既定计划实施改进措施。确保所有相关人员知晓改进内容，并为其提供必要的支持与资源。

5. 实施跟进和评价

（1）跟踪改进效果

在改进措施实施后，持续跟踪其效果，评价改进措施是否达到了预期的目标。这可以通过再次开展客户满意度调查、分析服务指标变化等方式达成。

（2）收集反馈

收集客户和员工对改进措施的反馈，了解实际效果和存在的问题。这有助于及时调整改进策略，确保改进措施的有效性。

（3）定期评价和调整

定期进行服务质量评价，确保持续改进和优化。定期评价有助于企业保持服务质量的稳定性，并在必要时做出调整。

> **课堂互动：**
>
> 将客户服务质量的评价步骤绘制成流程图，并与同学交流讨论如何优化流程图。

 任务总结

客户服务质量评价是一个系统工程，需要企业综合运用多种方法，从多个角度对服务进行评价，并根据评价结果制定有针对性的改进措施，从而不断提高服务质量，赢得客户的长期信任。

任务三　运用 AI 技术提高客户服务质量

传统提高客户服务质量的措施，如培训人员、优化流程、完善方法、加强考核等，在 AI 时代，不仅仍然有效，还能借助 AI 技术更好地发挥作用，创造新的可能性，助力企业在竞争激烈的市场中赢得优势。

情景模拟

随着业务不断增长，"星光家居"的公司规模日益扩大。在专家的建议下，李明早早地引入了智能客服系统，缓解了客服人员因业务量剧增而产生的压力。

由于智能客服系统能够解决大部分简单、常态的客户需求，人工客服面对的便是更为复杂、特殊的客户服务场景，这对客服人员的素质提出了更高的要求，李明有打造精英客服团队的想法，因此打算开展一系列针对客服人员的培训。

有了搭建智能客服系统的经验，李明首先想到借助 AI 的力量。于是，他又咨询了几位专家，发现 AI 确实可在检验员工工作成果、提升员工能力与素质等方面发挥作用明显。

思考：

1. 李明发现 AI 确实可在检验员工工作成果、提升员工能力与素质等方面发挥作用，你认为 AI 具体会怎样在这些方面发挥作用？

2. 你觉得引入 AI 技术后，客服人员的压力是加重了还是减轻了？

3. 你认为未来的客服人员需要具备哪些能力？

先思考以上问题，完成任务三的学习后，再回答以上问题。

一、智能质检系统

1. 质检系统概述

质检系统的核心功能是监控、评价并改进客户服务质量。传统的质检系统主要依靠人工进行监控与评价，例如通过随机抽查客户服务录音或记录，评价服务人员的表现。传统人工质检的优势与劣势如表 8-3 所示。

表 8-3　传统人工质检的优势与劣势

序号	优势		劣势	
	优势点	具体说明	劣势点	具体说明
1	深度理解和人性化判断	人工质检能够理解复杂的上下文和情境，例如服务互动中的微妙情感变化。这种理解有助于更准确地评估客户的真实感受和员工的服务态度	效率低下	人工质检需要质检人员逐一听取或阅读服务录音和记录，这一过程既耗时又烦琐
2	灵活性和适应性	人工质检人员可以根据具体情况调整评估标准和方法，例如在特殊案例或突发事件中，判断是否提供了个性化的处理建议。这种灵活性在面对非标准化或突发的服务场景时尤为重要	主观性和一致性问题	人工质检容易受到个人偏见的影响，不同的质检人员可能对相同的服务互动给出不同的评估。这种主观性会导致评分标准不一致，进而影响评估的公平性和准确性
3	捕捉非语言线索	在面对面的服务互动中，质检人员能够观察到非语言的沟通线索，如表情、姿势等。这些信息在电话或文字记录中难以捕捉，但对于理解整体服务质量至关重要	覆盖率有限	由于人力和时间的限制，传统人工质检通常只能抽样检查一部分客户服务记录。这意味着大部分的客户互动不会被评估，从而可能遗漏许多重要信息和潜在问题
4	文化和语言敏感性	人工质检人员在面对文化差异和语言微妙之处时，能够更好地理解和处理这些复杂因素，特别是在多语言和跨文化的服务环境中	反馈滞后	人工质检的反馈周期较长，从服务记录到质检完成再到员工获得反馈，这个过程可能需要数天甚至更长时间，导致问题的发现和处理流程延后
5	应对特殊情况	在某些复杂或敏感的服务场景中，如复杂投诉处理或危机事件，人工质检人员能够更好地评估员工的应对能力和客户的情绪反应	成本高	人工质检需要雇佣大量的质检人员来处理和评估数据，尤其是面对大型企业客户或高客户接触量的情况下。这种模式的运营成本相当高

2. 智能质检系统的应用

由于人工质检系统存在一定局限性，因此，越来越多的企业开始运用 AI 技术，构建智能质检系统。图 8-1 所示为某企业开发的智能质检系统功能简介。

图 8-1 某企业智能质检系统功能简介

（1）AI 技术在智能质检系统中的应用

智能质检系统借助 AI 技术实现客户服务质检过程的自动化和智能化。其具体体现在以下 3 个方面。

① 语音识别和分析。通过语音识别与转换等技术，智能质检系统将通话内容转化为文本，并在此基础上进行情感分析、关键词提取等。例如，在呼叫中心场景下，AI 能够分析客户与客服代表的对话，识别客户情绪波动和服务响应情况。

② 文本分析。利用自然语言处理等技术，智能质检系统能够理解和分析文本内容，评价客户服务交互中的情感、意图和态度。例如，对电子邮件和在线聊天记录进行分析，有助于企业了解客户的满意度和对服务的反馈信息。

③ 自动评分和分类。基于 AI 技术，智能质检系统能够根据预设标准，对客户服务交互进行自动评分，并分类标注问题类型，如"服务态度""响应时间""解决效果"等。这种自动化处理方式可以大幅提高质检的效率和准确性。

（2）智能质检系统的作用

智能质检系统在客户服务质量管理中主要发挥以下作用。

① 提高质检效率。通过自动化分析大量客户交互数据，智能质检系统可以大幅提高质检工作的效率，同时扩大覆盖范围。

② 增强评价的客观性和一致性。智能质检系统依托 AI 技术，而非人工，有效减少了评价过程中的人为偏见，提供更为客观、一致的质量评价结果。这对于维持高水平的服务标准至关重要。

③ 实时监控和反馈。智能质检系统能够实时监控客户服务交互过程，及时发现问题并给予反馈，助力企业快速响应并解决客户投诉。

④ 数据驱动的决策支持。通过对客户服务数据的深度分析，智能质检系统能够揭示客户需求、服务趋势和潜在问题，为企业优化服务策略和决策提供有力支撑。

图 8-2 所示为某企业开发的智能质检系统的工作逻辑。

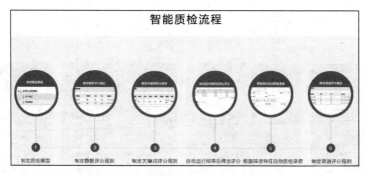

图 8-2　某企业智能质检系统的工作逻辑

3. 企业如何打造智能质检系统

企业在构建智能质检系统前，应当制定详细的方案，明确具体步骤。图 8-3 所示为一份通用的智能质检系统构建流程图，可供参考。

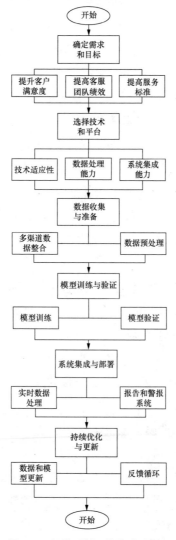

图 8-3　智能质检系统构建流程图

二、智能排班系统

1. 排班系统概述

排班系统是用于管理员工工作时间表的工具或软件系统。其主要功能是为企业合理安排员工的工作时间、轮班及休息日等，确保在任何时间段都有适量的员工提供服务。排班系统在众多行业中得到广泛应用，特别是在那些需要全天候服务或应对波动需求的行业，如零售、医疗、餐饮等。

课堂互动：

　　你觉得传统的排班系统有哪些局限性？

2. 智能排班系统的功能

智能排班系统基于专业的人员管理模型，结合 AI 算法，能够提供专业准确、灵活便捷的智能排班解决方案。

以下是智能排班系统的主要功能。

① 需求预测。智能排班系统能够基于历史数据、季节性趋势、市场动态及其他影响因素预测未来的业务需求。这一功能助力企业提前规划人力资源配置，确保在客户需求高峰期有足够的员工提供服务，进而缩短客户等待时间，提高服务水平。

② 自动排班。智能排班系统可以自动生成排班表，综合考虑诸多因素，如员工的技能、可用性、个人偏好、法律规定（如工作时间限制、休息要求）以及企业的运营目标。这一功能不仅节省了手动排班的时间和工作量，还提高了排班的准确性和公平性。

③ 员工偏好管理。智能排班系统可以收集并考虑员工的个人偏好，如工作时间、休息日、特殊需求等。这有助于提高员工的工作积极性，从而提高整体的服务质量。

④ 实时调整。智能排班系统能够实时监控业务与员工情况，如突发的需求变化、员工临时缺勤等，并根据最新信息动态调整排班安排。这种实时调整能力保证了业务的连续性和服务的稳定性，即便在突发情况下，也能为客户提供良好的体验。

⑤ 合规性检查。智能排班系统内置针对劳动法律法规和企业政策的检查功能，如工作时间限制、休息日安排、加班管理等。系统自动确保排班安排符合相关规定，降低了法律风险和合规成本。

⑥ 绩效跟踪与分析。智能排班系统能够记录和分析员工的工作表现、出勤情况及排班执行情况。这些数据可用于评估员工工作效率、客户满意度、员工满意度，以及进一步优化排班策略。

⑦ 通知与沟通。智能排班系统可以自动向员工发送排班安排、变更通知和重要提醒，确保员工及时知晓自己的工作时间和任务。同时，员工也可以通过该系统提交请假、换班请求或反馈意见，提高沟通效率。

⑧ 多地点和多时区支持。对于跨地域、跨时区运营的企业，智能排班系统能够灵

活管理多个地点的员工安排，考虑不同地区的业务需求、文化差异和法律规定，提供统一的管理界面和协调机制。

⑨ 成本控制。通过优化排班安排，智能排班系统助力企业降低人工成本，减少加班费用和临时工费用，同时确保服务质量不受影响。

⑩ 数据驱动决策支持。智能排班系统借助数据分析和可视化工具，提供关于排班效率、员工利用率、客户服务水平等方面的报告和洞察，协助管理层做出基于数据的决策，持续改进运营流程和服务策略。

图 8-4 至图 8-6 所示为某企业开发的智能排班系统的部分功能。

图 8-4　某企业智能排班系统部分功能（一）

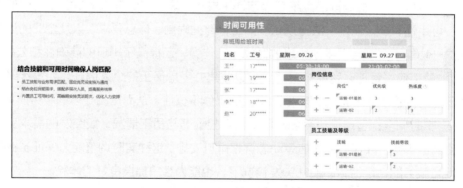

图 8-5　某企业智能排班系统部分功能（二）

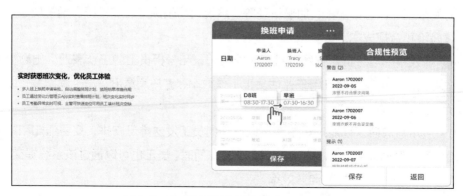

图 8-6　某企业智能排班系统部分功能（三）

3. 智能排班系统如何提高客户服务质量

智能排班系统通过多种方式提高客户服务质量，这些方式主要体现在以下几个方面。

① 优化人力资源配置。智能排班系统能够预测客户需求的变化，从而优化员工的工作时间安排。这种预测能力使企业能够在需求高峰期配置足够的员工，确保及时响应客户需求，减少客户的等待时间。

② 提高服务响应速度。智能排班系统具备自动化和实时调整的功能，可以迅速应对突发情况，如员工临时缺勤或突增的客户需求。其实时监控和调整能力确保了服务的连续性和快速响应，从而提升客户满意度。对于客户服务部门而言，这种快速响应能力尤为重要，特别是在处理紧急问题或高流量时段。

③ 提升员工满意度。智能排班系统考虑员工的个人偏好和工作负荷，合理分配工作时间，避免员工过度疲劳。满意度高的员工通常能表现出更好的服务态度和更高效率，这直接影响客户的体验。

④ 保障服务一致性。智能排班系统利用数据分析和员工技能评估，确保将合适的员工安排到合适的岗位和时段。这种针对性的安排可以保持服务质量的一致性，即使在员工变动较大的情况下，也能确保客户得到稳定的服务体验。

⑤ 增强客户体验。智能排班系统通过提供个性化服务，帮助企业更好地满足客户的特定需求。例如，根据客户的历史服务记录和偏好，系统可以安排具有相关经验的员工提供服务，从而提升客户的满意度。此外，系统还能提供基于数据分析的洞察，帮助企业优化客户接触点和服务流程。

⑥ 减少服务错误和降低成本。智能排班系统通过减少人工排班中的错误（如误排班、服务延误等），降低了运营成本，同时提高了服务效率。降低服务错误率直接有助于提升客户的信任度和满意度。

三、智能陪练系统

1. 陪练系统概述

传统的企业培训主要依赖于课堂教学、教材学习和模拟练习等手段。然而，这些传统方法在应对现代企业不断变化的需求和快速发展的业务环境时，显得力不从心。

传统的陪练方式大多依赖人工教练，受限于教练的数量和可用时间，难以实现大规模的个性化培训。同时，传统陪练系统缺乏多样化的培训场景和交互模式，往往难以充分模拟实际工作中的复杂情况，从而影响培训效果。此外，传统陪练在效果评估和反馈机制上通常较为单一，难以全面、客观地反映员工的实际情况。

为了突破传统陪练系统的局限，智能陪练系统应运而生，它借助先进的技术手段，为员工提供更加高效、个性化的培训体验。

2. 智能陪练系统

得益于 AI 技术的加持，智能陪练系统能够通过智能陪练机器人扮演客户或培训教练的角色，为客服人员提供一对一的专属培训练习，从而提升他们在客户服务方面的技能与知识水平。

智能陪练系统的应用场景非常广泛，几乎涵盖了客户服务的各个阶段。图 8-7 所示为某企业开发的智能陪练系统的应用场景。

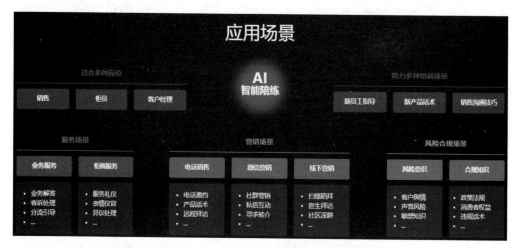

图 8-7　某企业智能陪练系统的应用场景

智能陪练系统具有极高的场景覆盖率，这是由其特色功能所决定的。智能陪练系统一般具有以下 4 个特色功能。

（1）全周期、全阶段闭环陪练

智能陪练系统采用"学习—练习—考试—评价"的闭环培训模式。通过阶段性评估和反馈，系统助力员工在培训过程中逐步提升技能和知识水平。每个培训阶段都设定了明确的目标和评判标准，以确保培训效果得到充分验证。

（2）多场景、多模态互动演练

智能陪练系统提供了多种演练形式，包括情景对话、FAQ 练习、幻灯片演讲测评等。这些演练形式涵盖了实际工作中可能遇到的各种情况。系统通过多维度定义对话场景和客户画像，帮助员工全面提升应对能力。

智能陪练系统支持多种交互方式，如模拟电话、语音对话、文本对话和视频录制等。这种多模态交互方式能够模拟真实的客户服务场景，使员工在各种环境下都能得到充分的练习和培训。

（3）同标准、多维度量化结果

智能陪练系统采用统一的测评标准，对员工的表现进行内容完整度、要点命中率、表达流畅度与完整度、情绪控制、语速、语气及违规次数等多维度的数据分析。通过量化的方式，企业可以清晰地了解每个员工的进步与不足，从而精准调整培训策略。同时，基于大语言模型的能力，系统支持输入自然语言查询语句，自动呈现数据图表，便捷地获取数据，打破数据获取的局限性。

（4）深入联动智能质检系统

智能陪练系统能够根据实际工作中的对话质检结果，智能推送针对性的陪练任务。这种"质检—培训"一体化的模式，确保员工在工作中发现的不足能够及时得到改善。

四、智能坐席助手

1. 智能坐席助手概述

智能坐席助手综合运用了自然语言处理、深度学习、机器学习和大数据分析等尖端技术。这些技术的融合使得系统能够实时解析客户与客服人员之间的对话，提供精准的知识推荐、流程指导，并对服务质量进行实时监控。借助这一系统，客服人员在处理客户问题时能够更加得心应手，不仅提高了解决问题的速度，还增强了服务的专业性。

智能坐席助手的部署不仅优化了企业的客户服务流程，还在很大程度上降低了新员工的培训成本，缩短了培训时间。新员工通过智能坐席助手的引导，能够更快地融入工作环境，提高工作效率。

图 8-8 所示为某企业开发的智能坐席助手介绍。

什么是坐席助手

坐席助手致力于将您所有的坐席都打造成客服专家。它依托于自然语言识别、语义理解、客户画像等能力，辅助新手坐席顺利完成初期的过渡，协助熟练坐席规范行为，提高效率。您可以永远信赖坐席助手。

知识推荐

通过对通话内容和已有知识点进行智能算法匹配，提示坐席答案。支持富文本内容，支持Office文件和PDF、音视频等格式的附件

引导流程/话术

通过对通话内容和已有引导流程进行智能算法匹配，显示当前对话流程完成情况，提示坐席下一步话术

客户画像

通话过程中自动收集客户画像信息，通话客户画像信息支持字段和标签两种类型

实时质检

对用户/坐席的情绪、用户/坐席的敏感词、坐席抢话情况、坐席语速、坐席超长静音等进行监控，触发告警时提示坐席注意并同步提示后台

图 8-8　某企业开发的智能坐席助手介绍

2. 智能坐席助手的功能

（1）技能与服务水平提升

智能坐席助手的核心功能之一是实时分析客户问题，并给出相关的解决方案和话术推荐。例如，当客户咨询关于产品退换货的问题时，系统能够迅速识别并推荐相应的处理流程和话术参考。这不仅大幅缩短了客服人员的响应时间，还确保了服务的一致性和

专业性。

对于新手客服，系统还可以提供详细的引导流程，帮助他们更快地掌握工作要领，降低错误率，从而迅速提升服务水平。

（2）服务质量监控与风险降低

服务质量是客户服务的核心。智能坐席助手通过实时监控客户服务过程和客服人员的表现，能够迅速识别并纠正不规范的服务行为。例如，如果客服人员在通话中使用了不恰当的言辞，系统会立即给出提示，确保服务质量始终维持在较高水平。

此外，系统还能分析客服人员与客户之间的互动，预测潜在的服务风险，并及时给出预警。这种机制有助于企业提前发现并处理可能的客户投诉或法律纠纷。

（3）服务流程优化与客户满意度提升

通过收集和分析客户服务过程中的信息，智能坐席助手能够构建出细致的客户画像。这些画像不仅包括客户的基本信息和历史行为，还涉及他们的需求和偏好。基于这些数据，系统可以为客服人员提供个性化的服务建议，从而确保每位客户都能得到贴心且专业的服务。

（4）培训成本与时间缩减

传统的客服培训需要投入大量的时间和资源。而智能坐席助手通过提供实时的知识推荐和引导，显著降低了新员工的培训难度，缩短了培训周期。新员工只需跟随系统的引导，就能快速掌握核心知识和技能，从而更快地投入实际工作。

课堂互动：

你觉得智能坐席助手有哪些发展前景？

任务总结

在提高客户服务质量的过程中，AI 技术的应用已成为核心驱动力。通过构建智能质检系统、智能排班系统、智能陪练系统及智能坐席助手，企业能够显著提高服务效率和质量。

【同步实训】

实训　撰写结业论文

1. 实训目的

（1）深入探究 AI 技术与客户服务的关系，理解 AI 技术在客户服务领域的应用方式及效果。

（2）培养辩证思维能力，分析 AI 技术给客户服务领域带来的各种影响。

（3）培养学生的知识搜索、归纳总结及论文撰写能力。

2. 实训背景

至此，相信你对 AI 技术及客户服务有了更加深入的理解。请你回顾所学内容，梳理知识体系，撰写结业论文。

3. 实训要求

认真阅读实训目的与实训背景，发挥主观能动性，完成以下任务。

（1）授课老师带领学生回顾本课程知识体系与框架，总结重点内容。

（2）授课老师布置撰写结业论文的任务，并明确论文主题：AI 技术在客户服务领域的应用现状研究。

（3）授课老师说明论文的撰写格式、内容要求及时间限制，并强调此论文的重要性。

（4）学生应充分收集资料，认真撰写论文，并在截止日期前提交论文。

（5）授课老师收集论文，从创新性、原创性、规范性等维度进行评估，评估结果将作为评价学生学习本课程的重要依据。

 【拓展延伸】

客户服务质量的管理原则

企业在进行客户服务质量管理时，应遵循一系列原则，确保客户服务质量的持续提高。表 8-4 所示为 5 个基本的客户服务质量管理原则。

表 8-4　5 个客户服务质量管理原则

序号	原则	详细说明
1	以人为本原则	（1）在服务过程中，企业将人的因素放在首位，既关注客户需求和满意度，又重视员工培训、发展和福利。 （2）企业尊重和理解客户，通过建立良好的人际关系和有效的沟通，提高客户满意度和忠诚度
2	以客户为中心原则	（1）企业将客户的需求和满意作为工作中心和出发点，深入了解客户的需求，制定定制化服务方案，以满足甚至超越客户的期望。 （2）企业通过实施客户反馈机制，定期收集和分析客户反馈信息，及时调整服务策略和工作重点，不断提高服务质量
3	量化原则	（1）企业通过量化的方法评估和管理客户服务质量，包括设定可衡量的服务质量目标、采用科学的方法收集数据、运用统计工具分析服务表现，并据此制定改进措施。 （2）量化管理有助于企业了解服务质量的水平，为持续改进提供数据支持
4	管理者参与原则	（1）企业的高层管理者要直接参与客户服务质量管理。管理者的参与不仅体现在制定服务策略和目标上，还体现在通过亲身实践，展示对提高服务质量的承诺和决心。 （2）管理者的积极参与和榜样作用能极大地激发员工的工作热情，提升组织的服务意识
5	持续改进原则	（1）企业不应满足于当前的服务水平，而要不断寻求服务创新和优化的机会。 （2）企业通过建立持续改进机制，如定期评审服务质量、鼓励员工提出改进建议、采纳客户的反馈等，持续提高服务质量，适应市场的变化和客户需求的发展

【项目总结】

本项目的项目总结如图 8-9 所示。

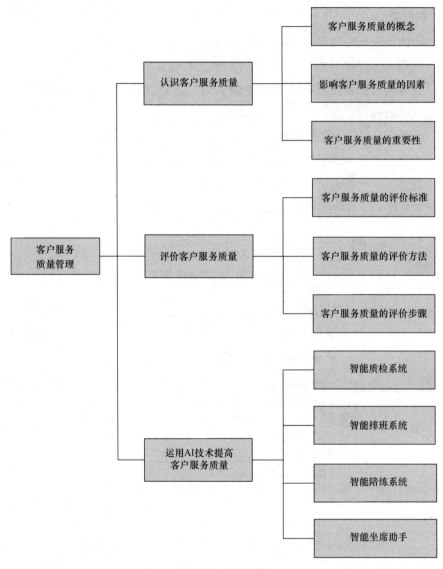

图 8-9　项目总结

 课后思考

1. 说说影响客户服务质量的因素。
2. 简述客户服务质量的重要性。
3. 列举几种客户服务质量的评价方法。
4. 总结客户服务质量的评价步骤。
5. 用自己的话描述一下智能质检系统的工作流程。